你知道你是誰嗎？
探索真正自我之旅

Discovering Your True Self:
A Journey of Self-Exploration

莫凱軒 —— 著

在繁忙的生活中，
學習關注自己的身心靈健康。

重新定義自己，
找到真正的那個你。

在繁忙的生活中，
學習關注自己的身心靈健康。

重新定義自己，
找到真正的那個你。

獻給

【不一樣也一樣】的你

【如果我沒有傷口】，
那麼今天的我也不會存在。

回憶中的甜酸苦辣，
總令人感受到人生的真實與豐富感。

回望過去，
所有的經歷都是值得的。

過去的每一個決定，
都在蛻變成今天的你。

那看似微不足道的一點一滴，
都為你的人生交織出一幅豐富多彩的畫作。

目錄

推薦序一：

尋找自我的旅程：凱軒的人生篇章 / 林國偉

　　非常榮幸能為莫凱軒這本富有洞見的新書寫下序言。他曾是我在香港中文大學的碩士學生。

　　在就學期間，凱軒就已給我留下了深刻的印象。雖然他當時是我的學生，但我們各自都在香港的高等教育學府任教。這種共同的經歷培養了我們之間的相互理解和尊重。此外，凱軒對烘焙充滿熱情，他經常將自己精心創作的烘焙作品帶到課堂與我和同學們分享，這也讓我們之間的互動充滿了溫馨美好的回憶。最令我印象深刻的，莫過於他在畢業晚宴上那段回應蔡依林歌曲的生動舞蹈表演。

　　我所認識的凱軒總是充滿活力，對生活充滿熱情。他就如海綿般渴望吸收多元的知識，展現了終身學習者的真正精神。最重要的是，他對自我和社會的探索有很深的興趣，始終以批判的眼光面對世界的複雜性。

　　這本書反映凱軒的自我探索之旅和對生活中極致滿足的追求。每個章節都與哲學思考有關，當中更涉及生命的意義和目的、身份政治和價值觀。然而，這本書不僅僅是學術論述，還融入了當代流行文化的參考，如 Taylor Swift 和蔡依林（of course!）的歌曲，使得這些討論更能與我們的日常生活息息相關。

　　凱軒在書中也引用了我深深尊敬的劇作家和哲學家 Jean-Paul Sartre。二零零三年，張國榮突然離世的消息讓我深受打擊，這也讓我開始質疑與探討生命的存在和意義。Sartre 的作品影響了我當刻的思路，使我能夠在之後的生活中找到生命意義和滿足感。在很多方面，我的經歷與凱軒在這本書中所分享的觀點有所共鳴。

　　我相信凱軒並不是想讓讀者複製他的旅程，而是為我們提供一個框架，讓我們踏上屬於自己的探索之旅。通過這本書，他鼓勵我們要掌握

自己的生活，找到有意義的事物，並對此感到滿足。他也提醒我們可以成為自己的英雄，而不僅是仰望他人。

　　凱軒，感謝你邀請我給你的書寫序。我很榮幸能參與其中。相信你的這本著作將會激勵讀者，並帶給他們心靈的慰藉，正如它對我產生的影響一樣。加油！

林國偉

香港中文大學文化管理應用副教授

推薦序二：

探索內在世界的開端 / 孫安怡

人生如旅程，過程充滿了探索和挑戰，當中大家未免會面臨著各種問題和障礙。我們可能不知道自己究竟是誰，自己正在做什麼，為什麼而活而感到迷失。這正是我們開始需要探索自己的時候。

書中最末一句：「人生要真正的無悔，前提是你必先要做到真正的自己。」那麼，何謂真正的自己？

對我來說，要做到真正的自己。首先就是懂得享受獨處，跟自己內心對話，了解自己的感受，然後找出與自己相處的方法。當然，每個人的方法也有別。

這本書啟發大家思考這個人生問題，是一本探索自己的心靈指南。作者會帶領大家踏上心靈之旅，探索自我，思考身份認同，內在衝突和自我價值等問題。他在書中分享一連串的經驗、智慧與多學科的論述，好讓讀者能夠了解和接受自己，發掘自我價值和展現自己獨特的一面。

當然這不單衹是莫凱軒自身個人的故事，而是每個人都可以從中思考自己的一面鏡子。

凱軒是一位有創意，擁有堅定自信的教育學者。他憑著信念，做自己喜歡的事。在工作後抽空寫書將自己的見解分享給大家，非常值得欣賞。作為他大學時代的導師，我很高興為他寫這篇推薦序，而書中的概念也啟發了我對自身人生的思考。

　　我相信，無論你是一位正在人生旅程上尋找自己的年輕人，還是一位正在重新演繹自己的成年人，這本書都能成為你探索自我中的一個嚮導。

孫安怡

香港理工大學英文及傳意學系導師

推薦序三：

尋找意義：文字和音樂融合的獨特閱讀體驗 / Terence Hon

在這個充滿多元文化和全球化的時代，我們不斷尋找能夠豐富自身閱讀體驗的新方式。我們追求的不僅僅是文字的力量，而是一種能夠融合不同藝術形式的獨特體驗。這本書最與眾不同的地方就是通過文字與音樂的結合，讓你不僅僅是閱讀，而是融入其中，與文字、音樂和影像產生共鳴。

我們都曾在某個特定的時刻，站在人生的十字路口，迷惘不知何去何從。然而，當我們深入思考當天所做的選擇時，我們開始明瞭，那些原因是令我們走上今天這條路的關鍵所在。或許是一個機會、一個夢想、一個錯誤，種種因素交織成一張網，牽引著我們向前。

在這本書中，莫凱軒分享了自己在人生道路上的掙扎和成長經歷，並提供了一些實用的建議和啟示。這本書的主題是幫助讀者重新連結自己，找到屬於自己的道路和意義。通過深入思考過去的選擇和困惑，我們可以更清楚地了解自己的價值觀和目標，從而更有信心地朝著理想的方向前進。

人生沒有一條路是白走的，每個失敗，失望，猶疑的瞬間都是一個機會令你更認識自己，從而更加堅定的走向你想要的道路。

書中其中一篇令我印象深刻的文章是關於生活中的比較和競爭，令我想起了當初成立 GreenPrice 的自己。當我看到同期畢業的同學已經取得高薪厚職，而我仍在為一個未必能成功的目標不斷努力，心中不免感到無比的挫敗和不公平。每天搬搬抬抬，工作二十四小時無間斷，我開始質疑自己的價值和選擇。但這本書告訴我們每一個人都有自己的天賦和獨特之處，祇有發掘和發揮這些獨特性，我們才能找到真正屬於自己的意義和價值。我們忘記了每個人的旅程都是不同的，每個人都有

自己的範疇和舞台。我們不應該衹看到別人的成功，而是應該關注自己的成長和進步。雖然年輕人創業不被看好，當時香港亦沒有人涉足售賣過期產品的這個產業，每件事情要親力親為，但是這些看似辛苦的工作背後蘊含著我們對環保事業的熱愛和堅持。我們所做的每一個小小的貢獻，都在為保護地球的美麗而努力。這是我們獨特的意義，這是我們為了心中的價值而奮斗的道路。

當我們找到了真正屬於自己的意義，比較和競爭的壓力便會逐漸減輕。我們會學會欣賞他人的成功，同時也會堅信自己所選擇的道路是對的。我們會體會到，每一個人都有自己的時間和空間，每一個人都有機會發光發熱。

凱軒所撰寫的不僅是一本啟發性的讀物，更是一本旅程書，引導我們重新發現自己。它提醒我們要相信自己的選擇，堅持自己的價值觀，並努力朝著自己的夢想前進。每一步都是重要的，每一個經歷都是我們成長的機會。

這本書帶給我們力量和動力，讓我們勇敢地走上屬於自己的道路。

Terence Hon

GreenPrice 聯合創辦人

推薦序四：

你明白你可以成為誰嗎 / 胡百非

尊敬的讀者，

　　我非常高興有機會推薦莫凱軒撰寫的這本《你知道你是誰嗎？探索真正自我之旅》。在我看來，這不僅是一本書，更是一次深入探索自我意識和個人成長的冒險。正如在科技和創新領域探索新領域一樣，了解自己的內在世界對於任何渴望成長和進步的人來說都是至關重要的。

　　通過結合心理學、哲學和實踐經驗，凱軒為我們提供了一種獨特的視角，來看待個人身份和自我發現的問題。這本書鼓勵我們深入思考，不僅僅是理解自己是誰，更重要的是，明白我們可以成為誰。正如在技術創新中經常遇到的，真正的進步往往來自於挑戰現狀，敢於自我質疑。

　　無論您是尋求個人成長的專業人士，還是對自我認知有深刻興趣的普通讀者，我相信這本書都會為您提供寶貴的見解和靈感。願這次閱讀之旅能激發您內心的潛能，引領您走向更加充實和有意義的生活。

　　祝您閱讀愉快。

胡百非

allcareAI 聯合創辦人

推薦序五：

坦誠才看到真我 / Trista Lee

從小開始，我爸爸經常問我「你知道你是誰嗎？」。接著，他會說出一句：「知己知彼方能百戰百勝」。

爸爸一直都會教導我需要認識自己，了解自己才可以看懂身邊的事物。《你知道你是誰嗎？探索真正自我之旅》一書令我回想起許多回憶，彷彿又再一次問道「我知道自己是誰嗎？」。

從文章當中可以感受到莫凱軒對自己的人生充滿熱誠和希望，積極以生命影響生命。藉著對人生的思考，以總結與提問來啟發讀者。當中除了引用了心理學與詩詞來道出意義，也不乏引用流行歌曲中的歌詞引起讀者共鳴。

如果每個人對自身有足夠的理解，人生可以過得更加快樂和滿足，少一點後悔和遺憾。但現實是沒有很多人能幸運地得到別人的理解，或是對自己內心的領悟。實情是對自己產生疑惑並不是祇有年輕時會出現，人生到某個階段亦會對自己有所疑問。

也許你會感到驚訝，難道人過了半生都會不知道自己是誰嗎？我們都在成長，成長不論年齡，每天也在發生。不同的階段會有著另一版本的自己。事實上，怎麼樣的版本也好，希望每個階段的自己都會更加真摯的認識自己，做到一個對生命無悔，滿意自己的人生。

時光不會倒流，但今天的你可以作出不一樣的選擇，或許能夠改寫自己的人生。

這本書會給你一些啟發，坦誠的面對自己，認識自己真正的自我。

Trista Lee

POLAR POLAR 創辦人

推薦序六：

踏上真正自我之旅 / Dimple Violet

我對上一次看書已經大概五年前了。

當我看到這本書的書名時，立刻讓我思考：我是誰？我在哪裡？

這些年來，我每天都忙碌地生活著，奔波於瑣事之間，追求更好的生活素質。從不知何時起，我漸漸忘記了自己，忘記了生活的本質。這本書恰好提醒我，是時候去尋找那個真正的自己。

我跟著書中的開場白先聆聽一首歌曲，再細閱文字。心中充滿好奇，莫凱軒所撰寫的這本書真的能夠幫我找回真正的自我嗎？書中其中兩個章節是最令我印象深刻的。

在書中的第一章中，一個問題深深地觸動了我：究竟你所追求的完美是？作為一名舞者和舞蹈導師，或許正是因為我的工作關係，完美這兩個字一直與我的生活緊密相連。是的，我就是那種對自己過於苛刻，病態地追求完美的人。我曾經試過跳了一段舞蹈一百次，但仍然覺得不夠完美，即使到嘴唇變白，開始感到反胃，甚至頭暈，我仍然執著於那一小段跳得不夠好，不完美。結果，當然就是身心疲累，連後面的舞蹈也好像跳得不夠好。

看畢這一章節後，我停下來，沒有繼續閱讀往後的章節。我反而靜靜地反思著文章中的意思，什麼是完美呢？完美的定義是什麼？又由誰來定義完美呢？正如文章所寫，原來一直以來都是自我批判……

現在我要開始學習接受不完美，因為不完美也是一種美。

另一章節中的「一旦放棄就充滿內疚感？」是一直以來我都面臨著無法放棄的困境。我的感覺好像代表著我的決心不夠或不夠堅持，不夠強大。這確實會讓人感到內疚，有時甚至難以釋懷，我會討厭自己，埋怨自己。這一節就像是狠狠地打了我一巴掌，讓我明白有時候放棄也可

以是一個很好的選擇，它可以給予自己更多的機會，也可以是一種成功的抉擇。

　　我感到幸運可以踏上這真正的自我之旅。書中的內容與其意義真的值得我們去深思。它幫助我在繁忙的生活中重新找回了迷失的自我。

　　我深信每隔一段時間，我都需要重新閱讀一遍，好好提醒自己找回真正的自我。

香港著名鋼管舞導師

Dimple Violet

推薦序七：

迷失卻不迷惘 / 李淑婷

　　最近在學習的歷程中，接觸生死教育。當中一個核心的概念是思考如何「好死」，從中反思了許多是從死看生，減低人生的遺憾，讓自己有限的一生活得盡量精彩。這個是很大很重的課題，而年輕一輩經常問到：「我的人生可以做甚麼？」、「甚麼才是我的熱情？」。

　　我相信很多人到了三十、四十、五十歲也在尋覓這個答案。我覺得這也是人生有趣的地方，不同的時、地、人也讓我們不斷在調整自己的答案。

　　接受迷失，原來是每個人的必經之路。我們才能接納自己，接納人生每個高峰低谷。

　　我一直很喜歡 J.R.R. Tolkien 在《The Fellowship of the Ring》(1954) 一書中的節錄。那麼多年來，在我迷失時，這一段文字成為我心理上的錨(anchor)。

> All that is gold does not glitter,
> Not all those who wander are lost;
> The old that is strong does not wither,
> Deep roots are not reached by the frost.
>
> From the ashes a fire shall be woken,
> A light from the shadows shall spring;
> Renewed shall be blade that was broken,
> The crownless again shall be king.

　　閱讀這本由莫凱軒所撰寫書時，就像開啟一趟人生的反思旅程 (reflective journey)，沿途有著不用的指示，讓你誠實面對自己更多。

　　我很欣賞凱軒在每章節都加插音樂和歌詞，引領讀者反思；讓我也仿效他，引用最近很喜歡的一首歌作為此推薦序的結尾。

「無人平凡一世

無人在世間不須經過高低 認錯方位

若果走過最低迷 重拾正軌

可欣賞廣闊天際

誠實地去做你 是你的專利

只等你飛」

馮允謙〈在最好的時間做最好的你〉(2023)

Catti Lee

李淑婷

Associate Director

PERSOLKELLY Consulting

【開場白】

感謝你在茫茫「書」海中選擇閱讀這本書。

細閱此書之前，希望你能夠找一處安靜的環境，無人打擾，無事物牽掛。我建議你暫時遠離社交媒體，讓自己完全沉浸在這個尋找自我之旅中。你需要的不祇是閱讀，而是反思，進入自我，探索內心的深處，尋找自己的本我、真我。

這本書採用「沉浸式」的方法 — 每篇文章的開首都有推薦的歌曲，先聆聽歌曲後，再慢慢咀嚼文字的意思。

現在請你掃描右邊的二維碼或於手機程式的歌單中播放美國女歌手 Billie Eilish 的歌曲〈What Was I Made For?〉(2023)。

作為土生土長的香港人，與大部分人一樣，我亦是一名朝九晚六的上班族。現今資訊爆炸的年代，香港人生活更是繁忙，每天總是有無窮無盡需要我們完成的事情。鑒於生活環境所致，大部分人有空餘時間時便會渴望放鬆一下，討論到哪個地方旅遊玩樂、與誰人聚會，好讓自己的身心放鬆一番。

你還記得上一次獨自一人自我沉思是甚麼時候？我們大部分都市人於忙碌中失去自己，往往忘記我們真正的感受。我們忘記停下來，感受自己真正的存在，我們自身的情緒與感覺。這本書就是鼓勵你停下來，找出那個被遺忘的你。

社會所謂的 well-being，即身心靈健康。試想想，在如此高壓的生活下，你可曾有時間讓心靈安靜，聆聽自己的內心聲音；而不祇是吃喝玩樂或是渡假，盼望逃離現實一陣子；但逃避不了當前的困境。

我們常常忘記我們是誰，我們來自哪裡，我們是一個甚麼的個體。我們無視、甚至逃避了最基本、亦是最重要的問題：「你知道你是誰嗎？」。這本書的目的就是引領你於生活中尋回自己。

大家應該最常聽到「天生我材必有用，千金散盡還復來」。這家傳戶曉的名句，也經常出自我兩老的口中。這句話讓我們明白，每個人都是獨特的，都有自己的價值。可是，每當我大部分時間提出與父母相反的意見，他們總是用他們所謂的理據反駁我。就像某部分的父母一樣，他們不自覺地期望我成為他們所期望的樣子，我漸漸感到壓抑和困惑。

　　無可否認，從小學後期我便開始質疑自己，我是否祇是一個被塑造的人偶，失去了真正的自我？所活的到底是假我或是真我？難道就如陳志雲先生所說的一樣：「真的假不了，假的真不了」？

　　倘若你問我，我會否感激父母多年的教育？我會感謝他們非常成功地把腦海中所思想灌輸並植入我成長中。生活於傳統家庭，我確實會有猶豫那些是否真正的決定。同時，我也知道反對他們會有極大迴響。你亦可能認為會覺得我祇是不敢反抗，但「退一步海闊天空」是大部分家庭偏向減少紛爭的處事手法……歲月流逝、路已走過、人也大了，現階段的我思考有二：

　　一‧我是如何演變成今天的那個我？

　　二‧我心底的那個我確實是為誰而活？

　　每當夜闌人靜的時候，我最愛做的事就是學習與自己談天。簡單來說，即是了解自己心中所想，專注於自己的呼吸，反覆思考內在感受，瞭解自我的需求和渴望。每天我會入睡前的大概半小時，我會透過寫日記、冥想或與自己聊天（很詭異吧！）來釐清思緒……然而腦海總會浮現出一道問題，那是我長久而來都得不到一個完整答案。這便成了撰寫這書的一大契機 — 我期望找到那個「真正的我」。

　　從事教學多年，除了教授學生相關知識，學生最常問我的就是他們對於未來的發展，因為他們不太清晰自己想要甚麼。例如，當我被問及「畢業後做甚麼工作？」時，最標準的回答往往是基於社會對成功和成就的定義。我亦可能會提到高薪、地位、名聲等因素，或是符合家庭和社會對他們的期望。無可否認，這些回答往往是外部因素的產物，而非真正的自我。

　　近這幾年來，最令我印象深刻的是不少九五後、零零後學生提出一些挑戰性問題，例如：

　　「我不明瞭為何父母要我選擇這一科？」

　　「有學業必定成功嗎？」

　　「我們為何要一直有明確的目標？」

　　「我能夠甚麼都不做嗎？」

當然，我作為老師，看到學生提問出這些問題令我讚嘆的同時，令人感到欣慰的是他們沒有被「填鴨式學習」編寫人生，而是有意識地去作出批判思考，明瞭家庭、社會等因素如何對自己的影響。這些問題背後，實際上是他們在探索自我，尋找自己的定位與目標。

我相信，不論我們是在何種年紀、何種身份、何種地位，我們都曾經問過自己相似的問題。但可能礙於不同因素的影響下，我們作出了相應的選擇，而導致我們走到人生今天的階段。這些提問、反思，並不是要我們感到後悔，埋怨自己所過去所作出的選擇；而是要我們明瞭當天決擇的你、尋找背後哪些原因令你選擇今天所走自己的路、了解自己真正的渴望、探索內心的聲音，從而重新發現與生俱來的獨特的價值所在。

還記得多年前就讀碩士期間的一個學科「改編，戲劇和文化」，教授於第一堂詢問了我們全班一條問題：

「戲劇如人生。你知道你身在何方？」

同學們互相對望，這似是非常簡易的問題卻令我們啞口無言。活了人生數十年，也許這是一個需要我們深入思考和自我反省的機會。

如果你有觀賞電影《Barbie 芭比》(2023)，芭比 (Barbie) 最終親口說道：「I'm not in love with Ken」。這句簡短的話語，在某些人看來祇是一句普通的陳述。然而，它卻是芭比自身對一個重要的轉捩點。這句話的背後蘊藏著對 Barbie 自我的認識與對他人期望的衝突，也代表著她開始思考自己的真實本質，開始尋找那個真正的我。

此書所提出的問題，都是這多年來自身由家庭、朋友、學業、事業、愛情、社會及環境七大因素下所衍生的。不管解答如何，這些提問的目的祇是用來反思，亦作為一個參考，引導正在閱讀的你進入自我探索的旅程。

翻開新一頁之前，我希望你知道這趟旅程將會是艱難的，可能充滿疑惑或恐懼，答案亦不一定出現於終點。它可能於旅途中被發掘、亦可能暫時看不透、也可能是一個漫長的過程。這是需要你不斷地探索和學習。

　　我希望這本書能成為你開啟自我探索之門的鑰匙，並在這個過程中帶你啟發和指引。我相信每個人都有無限的潛力。衹要你放開心扉、願意深入自己內心、揭露最赤裸的自己、發掘內在的寶藏，就能找到真正屬於自己的道路，實現內心的平衡和滿足。

　　無論如何，我們將會更加了解自己，慢慢把碎片拼湊成自畫像。讓我們一起開始這個旅程，去尋找那個被遺忘的自我，去找到那個真正的自我吧！

　　每篇文章的最後，我都會引用一段歌詞來作結。這些歌詞與該章節的內容相互呼應，除了希望豐富你閱讀的感受和體驗，更能夠讓你在思考和反思中得到一絲慰藉與啟發。

　　讓我們攜手前行，去發現、體驗、了解真正的自己。現在就一同踏上這一段充滿驚喜的冒險之旅吧！

"I don't know how I feel
But I wanna try
I don't know how I feel
But someday I might
Something I'm made for"

Billie Eilish〈What Was I Made For?〉(2023)

一・【我】的影像：

自我探索與身份認同

鏡中的你是「真我」或「假我」？

歌曲：Christina Aguilera〈Reflection〉(2020)

「以銅為鏡，可以正衣冠；以古為鏡，可以知興替；以人為鏡，可以明得失。」

這句古代的諺語是出自劉昫的《舊唐書・魏徵列傳》，意指用銅所造的鏡子可用作端正衣冠、以歷史借鑑為鏡子可了解朝代興亡的原因、以自己為鏡子可以明瞭自身的優點與缺點。這強調了利用鏡子自我反思與學習的重要性。

我曾經讀過數個有關鏡子的理論，其中最令我印象深刻是美國著名社會學家查爾斯・庫利所 (Charles Horton Cooley) 出版的書籍《Human Nature and the Social Order 人類本性與社會秩序》(1902) 中所提出的一個理論：「鏡中自我」(The Looking-glass Self)。

"Each to each a looking glass
Reflects the other that doth pass"

以上的引據意指我們對自我的認知是基於別人眼中對我們所持有的看法與及對我們所表現的行為及態度、以及想像別人對我們是如何觀察並加以判斷的一種想像。此理論更提出三個「自我」認成的過程：

（1）表現、呈現 (presentation)，指對別人眼裡自我形象的想像。

（2）辨認 (identification)，是想像他人對我們的看法。

（3）主觀闡釋 (subjective interpretation)，是根據我們認為「別人對我們的看法」去作出回應。

這自我的認知是我們主觀地認識這個世界，從而了解自己是怎樣的個體。這個理論幾乎能夠套用在我們日常的例子。

以本人為例，因從小時候開始擁有其他男性較高音調的聲音，加上經常尖叫，所以從小學到高中亦經常被同性稱為「娘娘腔」。套用這個例子到「鏡中自我」理論，即是：

（1）表現、呈現：我是一個擁有像女孩子聲音，也愛尖叫的男孩子。

（2）辨認：別人必定會覺得我「娘娘腔」。

（3）主觀闡釋：無論我說話或尖叫，便是「娘娘腔」。

毋庸置疑，這是一個既真實又可悲而自我了解的過程。

讓我們回想那時還在學習的階段：我們大部分都是在這樣的環境下成長，一個從別人身上了解自己的認知歷程。換句話說，這不就是活在別人嘴裡的人生嗎？

這些「鏡子」（這裡指的是我們日常生活中的常用的物品與及從別人身些所認知的）所投射出來的是真實還是虛幻？

我們每個個體或許需要通過社會中其他人的批判，才能完善對自我的認知。無論我們是怎樣的人，很多時候是由社會的反饋所決定我們是什麼。某些時候，我們會感到別人無法真正理解我們最真實的自我，因為我們對自己的評價與他人所認識的我們有著明顯的差異。即使是我們的好友或閨蜜，有時也難以完全理解我們內心的想法。

在現實生活中，有些人物的性格總是被過份理解，最後則演變成一條標準工程式：棟篤笑的表演者必定是一位充滿幽默感的人、愛說話的同事必定在別人背後說三道四、樣子甜美的女孩子必定對人或小動物充滿愛心等。這些顯然是毫無半點根據的推論。

我喜歡跟友人說話，喜歡表達自己。對於在眾人面前演講或表演，我感到輕鬆自如，沒有任何困難。然而，祇有我自己知道我是在完美地扮演著這個「假我」，因為這一切都是我刻意裝出來的。如果能夠選擇，我寧願被放在一旁，遠離人群，沉浸在自己的世界中，享受著生活的寧靜和自我沉思。因此，我們不能把一個人的性格簡單地歸類為某一種特質。倘若每個人都是獨一無二的，我們應該尊重每個人的個性。

在這種情況下，你可能會問：「為什麼你不能表現真我？」。

　　讓我引用一些長輩常說的話：「少年你太年輕了，這個社會不是你說了算。」（關於社會建構的議題，我們將在後續的章節中作進一步討論。）

　　你何曾發現人們會完全表現真我？就是當一個人完全豁出去，無需顧忌任何人或事情，又或是能夠被接納和包容的情況下，便有較大機會可以在人前表現最真實的自己。然而，每個人的心中總有藏著一個或多個「假我」，或稱為面具。這些面具也許是為了保護自己，亦有機會是為了適應社會的期望。

　　站在鏡子前，我們或許能夠有完美「表現」。若再讓你選擇一次，你敢卸下那假面具嗎？這是一個需要你深思熟慮的問題，因快速改變世界所帶來的壓力和期望經常使我們迷失自己。

　　我們總是在追尋著一種理想的自我，而這種理想的自我往往與別人眼中的我們存在著差異。我們會以社會的期望和他人的眼光為鏡，去塑造一個理想的自我形象，那個「假我」。試問自己，當我在這麼做的時候，真的快樂嗎？當中有難言之隱嗎？

　　無奈地，面具是我們在社會中生存的一種工具。它可以幫助我們隱藏自己的弱點，也同時地幫助我們在他人前展現自己的優點。當我們戴上面具的時候，我們逐漸失去了自己的真實性。我們可能會被自己的面具迷惑，甚至忘記了自己真正的模樣。

　　無論任何情況下，我們總不能停止尋求自己的存在。

　　尚·保羅·沙特 (Jean Paul Sartre) 是其中一名提出「存在主義」的知名法國哲學家。他的著作《Being and Nothingness 存在與虛無》(1943) 提出「存在先於本質」，意指人的存在並不取決於我們是甚麼，而是取決於他們做了甚麼。換句話說，沒有人能決定你怎麼造就自己的人生，衹有你能決定。存在主義所強調的價值在於要求我們意識到自身存在的重要性，堅守自己的思想和價值觀，真實地展現自我，並抵抗荒謬。

　　因此，鏡子中的我們是「真我」還是「假我」取決於自身選擇，與人無尤。倘若你衹是被動地接受在鏡子所看到的，所設立的，所想像的形象，那麼鏡子中的我們就是「假我」；若然你主動積極並堅決展現鏡子的形象給身邊的人，這就是「真我」。

在某些人可能迷失自我的時候，我卻逐漸釋放過去所塑造的自我形象。從以前祗懂默默接受的我，我現在更加自信地表達自己的意見，不再僅僅是盲從別人的指示；從那個手握著「乖乖牌」的我，搖身一變一個充滿自信的自我。現在，我勇敢地追求自己的目標，勇於面對一切挑戰。

當人漸漸長大時，也許會更加明瞭自己。如果你認為人生短暫，就更不應該浪費時間過著別人期望的生活。你需要從喧囂的聲音中聆聽自己的內心，並在他人的期待中找到自己的價值。你更應該學懂尊重自己，勇於活出真正的自我。

我們要慢慢學會愛護和接納鏡子內外的自己。不論他人的看法如何，我們都要堅信自己的價值和能力。同時，我們亦要明白總會有背道而馳的一刻，那並不代表我們「與民為敵」。那是我們都擁有獨特的人生旅程和經歷，這些經歷塑造了我們獨特的個性。祗有在接受自己的基礎上，我們才能實現自我。

所以，不要再害怕了，勇敢地展現出真實的自己，讓你的影子綻放光芒。最終你會驚喜地發現，原來做自己可以如此美好！

「假如你看見我
這樣的我膽怯又軟弱
會閃躲 還是說 你更愛我」

蔡依林〈我〉(2012)

當年寫的「我的志願」是否如你所想的？

歌曲：Susan Boyle〈I Dreamed A Dream〉(2016)

我想你和我都曾經有過相似的經歷，那就是小學時，在中文課堂上寫一篇名為「我的志願」的文章。

從小開始，我懷抱著成為一名明星的夢想，充滿著表演的渴望。我還記得當時非常自信地寫下一句話：「我希望成為一個全球知名的歌手。」這情景仍歷歷在目。最終，這個夢想並沒有實現。廿多年前的我無法預料到最終的結果會是這樣。

你當時的志願是否仍然如你所想呢？如果你能夠克服種種困難實現夢想，我在此說聲恭喜！相反地，如果你的夢想還未實現，或者你從未去追逐夢想，我想告訴你一句話：「感謝你曾經擁有那份追夢的心，也感謝你對自我的反思。」你現在可能很好奇為什麼我會這樣說。

小時候的我們對未來充滿了憧憬與希望，我們有著無數的夢想。我們單純地覺得，祇要有一個夢想，定能成真。這就好像迪士尼的創辦人華特 · 迪士尼 (Walt Disney) 的經典語錄一樣：

"All our dreams can come true, if we have the courage to pursue them."

（我們的夢想都能夠被實現，祇要我們有勇氣去追求它。）

隨著時間的流逝，我們在成長的歲月中面臨了許多挑戰和困難。當我們開始接觸外面的世界時，不禁發現現實與夢想之間存在著一道巨大的鴻溝，這使我們與夢想之間產生了巨大的落差。同時，我們也可能發現夢想並不具備實現的可能性，並不完全符合我們一直以來追求的那種生活。

　　然而，社會大眾所擁抱的價值觀、家庭的影響、經濟環境的變化，這些外在因素潛移默化地改變我們對事物的看法，因而影響對夢想的追求。試想想，支持你追夢的父母，而同時你又沒有家庭經濟壓力，這個情況下會更容易令你相信夢想能夠實現的。當然必須提及的是，內在因素如天賦、能力、自信心等都會是自我衡量的指標。

　　在這個過程中，我們也需要面對自我。我們需要反思自己是否付出了足夠的努力，是否真正了解我們所設立的夢想，以及是否能夠持之以恆。當我們對當初的夢想進行反思時，可能會發現那些夢想並不完全符合我們的期望。或許，這些夢想並非我們內心真正追尋的目標。

　　在追求成為歌手的道路上，我面臨了許多出乎意料的挑戰和困難。出於我自身要求的高度，我投入了大量的時間來提升唱歌技巧，學習各種不同類型的舞蹈，耗盡了無窮無盡的精力進行訓練，還需要參加各種比賽和演出以獲得經驗。毫無疑問，我享受著台下觀眾的掌聲和歡呼聲。每當完成一場比賽或舞台表演後，我都感覺自己達到了一個「里程碑」。這樣的生活持續了大約五年多。

　　有一天，我突然感到身心疲憊。好像被驚醒了一樣，意識到這一切原來都是虛幻的。這是一個值得我深思的時刻。一連串的問題湧上腦海 —— 我的動機是什麼？是出於對音樂和表演的熱愛，還是出於我對成名和他人認可的渴望？我到底是真心想成為一名歌手嗎？

　　過去在台上「發光發熱」的我，原來台下的我並不享受這樣的生活模式。

　　我最初為什麼會擁有這個夢想呢？最大的原因或許是因為我對這個職業有一些刻板印象。在我小時候，閱讀娛樂版的報紙時總會看到哪位明星賺了多少錢，哪位歌手獲得歌迷的熱情招待等報導。我以為如果我成為一個歌手，就能獲得所有人的讚賞和認可，並且擁有豐富的收入。可是，我忽略了許多成功明星背後的因素，例如天賦、人際關係和運氣。這些報導可能在我心中建立了一種聯想，讓我誤以為成為一個明星或歌手可以帶來類似的成就和幸福。

　　我以為這就是我想要的。撫心自問，那時候我確實不知道亦不了解自己想要些甚麼。

在生活中，我們經常受到社會和他人的期望和評價影響，往往會被告知應該做什麼、應該追求什麼。「你應該……」、「我以為……」等句式經常在生活中出現。我們許多時候都理所當然地認為這是對的，或多或少使我們對自己的渴望產生困惑。我們可能會將他人的期待視為自己的期望，而忽略了內心真正的聲音。

而我們成為一個成年人的過程中，就是一個不斷了解自我，根據自我來重新定義夢想和目標的過程。我們的夢想，不應該受限於過去自我設立的那個人，而應該根據現在的我們來定義。

成長與歷練賦予我們重新省思夢想的機會，當我們發現原初的「志願」與現實相去甚遠，或者我們的興趣與價值觀發生轉變時，我們得以重新定義夢想的軌跡。這是一個自我反省的契機，我們需要明晰探究真正的夢想與渴望，尋求我們所追求的目標與意義。我們應反思過去的歷程，洞察自身的志向、價值觀，以及個人的天賦與才華。對於自我，我們需保持誠實與內心的開放，積極參與不同的體驗和學習，並培養對自身的自信。

對於未能實現原有夢想的情況，我個人並不後悔。因為我了解自己的潛力。這是我所追求的平衡和和諧。透過這段追夢的旅程，我學會了熱愛音樂、熱愛舞蹈，但這並不意味著我必須將它們變成我的職業。我的經驗讓我明白，追逐名利不能帶來真正的快樂和滿足，而是健康的生活、豐富的人生和與所愛之人共度的時光，才是我真正追求的。

我們的新目標和追求或許與昔日的夢想有所差異，但這並非意味著我們已將夢想拋諸腦後。這並不是所謂的「向現實低頭」，而是釐清事實，了解甚麼才是最適合自己。

相反，這象徵著我們已尋得新的懷抱，並以煥然一新的姿態踏上追求之途。即便夢想有所更動，毋須沮喪或懊悔。我們的人生是一段不斷演進的旅程，而志向亦隨著歲月與經驗而蛻變。關鍵在於發現那令我們心靈激盪的事物，並為之努力奮鬥。

周星馳電影中的經典對白多不勝數，其中一句「做人如果無夢想，同條鹹魚有咩分別呀？」更是家喻戶曉。你同意嗎？

如果你面臨像電影《Last Holiday 最後旅情》(2016) 中的女主角那樣衹剩下三星期壽命的情況，你是否還會繼續追求當下所追求的夢想？

最重要的是尊重每個人對夢想和生活方式的選擇，並且理解人有不同的價值觀。每個人都有權決定自己的道路。請不必左右他人的選擇。我們衹需尋找屬於自己的幸福和意義。

請謹記，無論是追求夢想還是選擇「成為一條鹹魚」，我們可以在自己的生活中找到獨特的生活方式和滿足感。因為志願可以是有關於人際關係、家庭、健康或自我成長，而不衹是限制於職業或事業上的夢想。

平心而論，一條鹹魚都有其價值與重要性。

「無需定立時限 如風一般往返
人未老 還未晚 還未到盡頭記住來放心荒旦
若生命是無限 何必自定界限
大好青春就要多貪」

許廷鏗〈青春頌〉(2012)

我為何要靠衣裝做自己？

歌曲：Meghan Trainor〈Made You Look〉(2022)

　　正所謂「先敬羅衣後敬人」，意思是先看一個人的穿著，給他人的第一個印象，亦是尊重的表現。處身於這個以貌取人的社會中，我們是否應該忠於真實的自己，還是要迎合世俗的眼光呢？

　　自中學時期，我擁有一套自己的穿著心得。穿在身上的大多數是色彩鮮艷、別人不會穿的衣服我都總是會選擇來穿。有一種我就是獨一無二的存在感。身邊的友人無一不對我的穿衣法則無話可說，有的更稱之為誇張。可是我卻認為自己拿捏得剛剛好，達到了自身穿衣的基本要求。

　　我熱愛穿著幾個知名品牌的衣服，同時對時尚表演抱有濃厚的興趣。每當我看到那些令人驚艷的、充滿奇幻色彩的作品時，我不禁想象自己也能成為那個在街頭走秀的模特兒。

　　儘管別人可能對於外表的矯揉造作有所批評，可是在我眼中，這是一種活出真我、展現個性的方式。

　　「是你穿衣服，或是你被衣服所限制？」這是我經常說的其中一句話。

　　有時我們常常聽到這樣一句格言：「不要以貌取人，不要僅僅看表面就論斷一切」。事實上，我們又如何能夠完全避免用自己的觀點和角度去左右他人的看法呢？這樣的觀念有時候令人感到厭煩，彷彿是在強加自己所相信的觀點於別人身上。

　　許多人相信外表和穿著方式可以反映出他們的個性、品味和社會地位，這亦看似是一個不爭的事實。我經常挑戰社會所「設定」的想法。當人選擇要跳進這個追求外表完美的陷阱前，又可曾了解為何人的價值與他們自身的外表被混為一談？而你又是否「當局者盲」下「議衣論人」，或是能夠「旁觀者清」下「議人論事」？

　　無庸置疑，這是一個其中一個極為有深度和洞察力的社會問題。「當局者盲」下「議衣論人」是指當我們看到一個人的外表和穿著方式時，我們可能會根據自身一貫的思考方式來判斷別人；「旁觀者清」下「議人論事」是指當我們看到一個人的外表和穿著方式時，我們能夠根據他們的行為和言語來判斷他們。

　　多項關於心理學的研究發現，衣著在社交互動中確實扮演著重要的角色，它可以影響人們對他人的印象和態度。同時，它指出衣著僅僅是一個人形象的一部分，並不代表一個人的全部價值和能力。

　　外貌及穿著方式乃反映個體之個性、品味與社會地位的象徵，其核心觀念多由刻板印象所構成。一般而言，人們往往視穿著董事長式的西裝革履為成功的管理階層代表。然而，我們能否選擇以牛仔褲與 T 恤出席公務、接待訪客？史蒂夫·喬布斯 (Steve Paul Jobs)，昔日蘋果公司行政總裁，長年以來皆以黑色 T 恤及牛仔褲示人於產品發佈會，是否會對其形象產生不利影響？有否想過一個人穿著西裝革履也可以是一名「斯文敗類」？

　　我熱愛著那些他人視為「花枝招展」的服飾，然而此舉僅出自個人愛好，並不代表我完全贊同以服裝來評斷一個人的價值。身為一位男士，我自始至終拒絕著西裝革履於工作面試之場合。曾有前上司告誡我，不要穿戴名牌衣著及配飾參加面試。你試猜想我有否聽從這個「善意」的建議嗎？

　　當然，這樣的情境並不具一般性，每個行業與企業皆擁有各自的文化與期望。我在這個行業中已經歷了一段時間，這使我對一個社會上普遍存在的觀點產生了質疑：擁有一張教育證書並不必然代表一個人具備教育下一代的能力。

　　同樣道理，外表的衣著並不代表我自身所擁有價值。

　　當人們不斷受到社會的價值觀和期望的影響，並很容易墜入追求外表完美的陷阱。自我追求外表完美不是錯，而是該如何利用審美價值來審度他人。在不察覺的情況下，我們或許會將自己的價值與外貌相連結，並在評價他人時也受到這種偏見的影響而作出主動性評論。那麼，我們在「議衣論人」時會失去客觀性分析。

　　審度他人前，我們更需要「審己度人」。

　　一九三五年，美國心理學家與社會學家約翰・多拉德 (John Dollard) 在其研究中發現，人們對外表的評價往往是基於刻板印象和先入為主的觀念。他們可能會根據一個人的外表來做出關於他們性格和能力的假設，而這種刻板印象並不一定反映出一個人的真實內在。

　　作為旁觀者，我們應從更客觀的角度來評估和理解他人。我們可以嘗試超越表面的外貌外表，去認識一個人的思想、價值觀和內在特質。這樣的「議人論事」方式能夠更全面地了解一個人，避免將價值僅僅建立在外貌上，即是「第一印象」(first impression)。

　　「人靠衣裝」這一句話出自明末清初沈自晉的《望湖亭記》第十齣。在古代，人們對於衣飾的分別有著明確的目的，即鑑別身份。不同身份的人需要穿著特定的服飾來展現自己的身份。舉例來說，仕人和學子需要穿著象徵讀書人身份的長衫、僧人需要穿著袈裟等。透過這些不同的服飾，古人們才能夠突顯出他們身份上的差異。

　　一旦有人冒充他人的身份，比如平民百姓穿著象徵國君或尊貴地位的黃色衣著，便有機會面臨誅滅九族的危險。由此可見，古代人對於衣飾的要求非常嚴格，因為它代表著一個人的身份地位，不容許有任何冒犯的行為。這種嚴格的要求也凸顯了衣飾在古代社會中的重要性。衣著不僅僅是一種外表的裝飾，也是身份和地位的象徵。人們依靠衣著來傳達自己的身份和社會地位，這是受到社會尊重和認可的基礎。

　　古代社會非常重視衣著的選擇和區別，然而在現代社會的進步下，人們更加注重個人的素質、能力和成就。我們應該明確一點：外表衹是一個人的表面特徵，真正的價值在於我們的內在素質和能力。

　　在現實生活中，你認為自己需要多大程度地依賴衣著來展現自己？你又有多大程度相信「人靠衣裝」是必然的？

　　普遍而言，穿著整齊、舒適且符合個人風格的衣服無疑可以提升個人的自尊心和積極情緒。這可能是因為當我們穿著我們喜歡的衣物時，我們會感到更自信和舒適。

　　服裝是我們穿在身體上的外部物品，它們不僅提供了保護和遮蔽身體的功能，還在社會中扮演著表達和身份建構的角色。在探討身體的議題時，我們可以參考法國哲學家梅洛—龐蒂 (Maurice Merleau-Ponty) 提出的「身體現象學」。

他的著作《Phénoménologie de la perception 知覺現象學》(1962) 指出身體不僅僅是一個物理實體，它是我們存在的一部分，通過它我們與世界互動和感知。我們個人的價值和身份評價不應僅僅基於外貌或穿著方式。身體是個體與世界互動和感知的媒介，但個體的價值和內在特質並不來自外在形式。我們應該尊重每個人的獨特性，並意識到外貌和穿著僅僅是個體身份的一個方面。

堅守自我並不容易。我們在某種程度上會面臨來自社會、家庭、工作和朋友的壓力，要求我們符合某種特定的形象或穿著風格（當然上班需要穿制服的例外）。在這種情況下，我們需要擁有堅定的內心，不要讓外界的聲音淹沒了我們內在的聲音。

如果要堅守信念，打破世俗眼光，有時候必須做出一些犧牲是無法避免的。這種犧牲是用自身的實力去換取他人對我們的改觀。以女神卡卡（Lady Gaga）為例，她的藝術表達和獨特風格傳達了一個重要的訊息，那就是要尋找並忠於真實的自己。她通過音樂、造型和表演鼓勵人們不受世俗觀念的束縛，保持真實並表達自己的獨特性。儘管一開始她以奇特的服裝引起了人們的質疑，但她後來憑藉自身的實力成為世界知名的歌手，並創造了獨特的品牌和形象。

這提醒我們在追求自我實現和真實性的過程中，不應該讓他人的期望和社會的標準左右自己的價值觀和行為。我們應該持續尋找內在的價值和目標，並以真實的方式展現自己。

或許你會認為以女神卡卡作為例子有些誇張，但她的經歷確實是一個極端而有力的證明。她的成功並非衹來自音樂才華，而是源於她對自己獨特性的堅持和對真實性的追求。她的風格和形象可能被一些人視為怪異或古怪，但她沒有為此改變自己，相反，她通過自身實力、藝術創作及其獨特風格表達打破了世俗眼光的框架，贏得了廣大觀眾的喜愛和尊重。

最後，我是否接受了主管的建議，放棄一身名牌形象去面試？當然沒有。我不會隨波逐流遵從社會的遊戲規則。

雖然以名牌服飾出席面試可能使我在外表上與競爭對手有所不同，然而這並不意味著我缺乏價值或能力。多年後我靠著實力贏得了現任主

管的賞識，這更進一步證明了我的才華和實力。我一直秉持以能力取勝的信念，對於不妥協的態度我感到自豪。

當然，外表的整潔和適度的穿著在專業環境中仍然具有重要性。關鍵在於找到適合自己行業和職位的適當形象，同時展現個人獨特價值和風格。

堅守個人信念並以真實的方式展現自己是一件不易的事情，因為社會常常對外表有著一定的期望和價值觀。當我們能夠堅持己見、不為他人改變，並以真實的方式展現自己時，我們才能找到真正的自由。

透過衣著外表，可以窺見一個人的思想方法，因為它代表了忠於真實的自我，尊重內心聲音，堅持信念並遵從個人的信念。

每個人在這個世界上都是舉世無雙的存在，擁有自己獨特的風格、外表、特質和價值觀。衣著風格不僅是個人態度的體現，也是向他人展示自己身份的符號。

你的衣著是否真實地代表著你自己？這是一個需要深究的問題。

"All you need is your own imagination
So use it that's what it's for
Go inside, for your finest inspiration
Your dreams will open the door"

Madonna〈Vogue〉(1990)

究竟你所追求的完美是？

歌曲：Daniel Powter〈Perfect For Me〉(2018)

　　頂著天后光環，台灣女歌手蔡依林以往就是一位「拼命三娘」。在過去的演藝生涯中，她確實以奮鬥精神和努力著稱。她學習了多項才藝，如絲帶舞、鋼管舞、高空吊環、芭蕾舞的鞭轉，甚至折手舞(Voguing)，並將這些融入她的表演歌曲之中。她自稱為「地才」，意在塑造一個形象，強調在演藝事業中的奮鬥和拼搏。

　　處女座的蔡依林事事力求完美。二零一七年因整個肩胛骨歪斜，大腿肌肉拉傷，甚至連她的舊疾腰傷也一併復發。二零一八年二月需在醫院休養。同年推出其新曲〈怪美的〉，討論世俗對美醜與個人價值觀，揭示了完美外表背後的醜陋。

　　在發行專輯《UGLY BEAUTY》時，蔡依林接受了某報章的專訪，直言不諱地說：「我發現追求完美讓我活得不像人，覺得追求完美是個Bullsh*t」。她在 Facebook 上更寫下「最可怕的審判官，永遠是自己」。她漸漸學懂拋下「完美」的枷鎖，重新認識自己。

　　那一句耳熟能詳的「人非聖賢、孰能無過」，在現今社會是否屬實？

　　社會有一個普遍概念是人們認為做任何事完美是正面的美德。有些人會覺得這是理所當然的，持相反意見的表示這是多此一舉的。對我而言，追求完美並沒有問題，因為那是每個人的選擇。可是，當我們對自己過於苛刻，病態地追求完美，還沉醉於自身面面俱圓的時候，再強加這種想法於別人身上，你就會不自覺地把自己塑造成一個機器，就會失去對自己的理解與接納。

　　任教於倫敦政治經濟學院的英國社會心理學副教授湯瑪斯·庫蘭(Thomas Curran)是專門研究完美主義。他與安德魯·希爾教授

(Andrew P.Hill) 於二零一九年所發表的研究發現完美主義綜合症呈年輕化趨勢。

"…recent generations of young people perceive that others are more demanding of them, are more demanding of others, and are more demanding of themselves."

他們的研究對象是多達四萬多名來自美國、英國和加拿大的大學生。調查更發現相較於九十年代或二千年代的大學生，現今世代的大學生具有完美主義傾向的機率要高很多。

此刻，讓我們思考一個問題：為何我們如此執著於追求完美？

我們渴望成為完美的人，是因為我們認為完美是無懈可擊、同時代表著高尚。換句話說，完美的人就像聖人一樣，是卓越的象徵。毫無疑問，現今的媒體和社交平台一直推崇這種完美的觀念，例如明星在閃光燈下看起來完美無瑕，網絡紅人在假日周遊列國展現放肆的生活。這些跟我們父母在社交場合與其他親朋戚友的高聲炫耀自己兒女的「外在價值」，又有可不同？

在求職面試時，我們常常被問到這樣一個問題：「你最大的缺點或弱點是什麼？」。這個普遍的問題顯然是在引導我們對完美主義的回答，再次讓我們放大自己的不足之處。當然，你可以選擇以任何方式回答這個問題，而面試官也有他們千言萬語的理論去解釋為何問這個問題。無論如何，這一切都凸顯了我們無法擺脫永無止盡的「人永遠無法達到完美」的觀念。

家庭教育也是一個影響深遠的方法。父母會有意無意地希把他們認為最好的東西給予下一代，希望一切盡善盡美。我們不會否認他們為子女付出的愛，但那份是會令他們透不過氣來。我們或許在生活中或自小在家庭中經常聽到以下的句子：

「今次差少少就可以獲取獎項。」

「這條數學題目那麼容易，你也可以計錯！」

「這麼簡單的別人都能夠做到，為何你做唔到？」

事實上，這些句子除了給予小朋友自身壓力，長期下來更會令他們總會因未能把事情做到完美而懊惱。縱使小孩多麼的不願意，在資源缺

乏的情況下，他們大部分都會默默完成父母對他們的期待，變成他們心目中的完美下一代。

除了基因遺傳，人的性格會受到環境因素的一定程度影響。我也是在這種生活下經歷了一段很長的時期。身邊的兩老總是把錯誤等同失敗的例子。久而久之，我的「自我要求型」便會形成。學業成績一直處於中上的我，人生第一次拿取不合格成績是小學五年級上學期的常識科（現今此科目經已絕跡）。從老師手上接過成績表的那一瞬間，我屏住呼吸，心臟不由得停了下來。頓時，一股壓力湧上心頭，彷彿窒息般無法呼吸。過去的自豪和成就感瞬間消逝，取而代之的是深深的挫敗感和自我懷疑。我開始質疑自己的能力，懷疑自我是否真的足夠出色。於是，我對自己的要求變得更加苛刻，努力追求完美，毫不容許自己有絲毫失誤的餘地。最終，當那一年下學期的成績公佈，我獲取了全班第一，全級第二。

以上的分析建立在一個概念的基礎上：若你能完美無缺，則永遠不會面對失敗。而若永遠不曾失敗，那麼也不會感到失望。

撫心自問，這是一個正確的推論嗎？

隨著時間的推移，我逐漸意識到這種完美主義的壓力對我的心理健康和幸福感產生了負面影響。在高考和大學入學考試中失利，使我無法進入我理想中的學府。在大學期間，我陷入了狂熱的狀態，逼迫自己和組員們完美完成小組作業，絲毫不容忍任何錯誤或瑕疵。我更有數次私下約見大學的社工，而我卻沒有告知身邊任何人，可見自身的壓力有多大！直到大學畢業典禮那一刻，我從院長手中接過畢業證書，獲取第一榮譽兼課程學科最高成績的平均績點，同時也完成了父母盼望我大學畢業的那個時刻。這時候，我才認為我的人生可稍作喘息。

對個人表現定下過高標準的完美主義，腦海總存在一種想法。無論自己有多麼優秀的表現，總會覺得自身非常不足。就算在旁人眼中的好，我們也會自己覺得不夠好。

有多份研究指出，一個人的完美主義程度越高，遭受的心理障礙就會越多。研究發現追求完美會導致壓力過大、憂鬱、焦慮和其他心理健康問題有關。當不能達成目標的時候，完美主義者會認為是由於自己的

能力不足，繼而產生更多的挫敗感與及負面情緒。由於他們於日常生活上都表現得很出色，祇會展現自己完美的那一面，旁人會難以察覺。

在我的學業達到巔峰之際，沒有人能預料到我的事業卻多年停滯、屢屢遭遇波折。我經歷了種種困難，努力不懈爬升而不斷進步，才最終取得了今天事業上的少許成果。

這些年來，慶幸我從未約見社工，但仍經常被完美主義的觀念所迷惑。我找到了擺脫困境的方法，那就是閱讀心理書籍，它成為了我心靈的良藥。逐漸地，我開始看透人生，我開始明白失敗並不代表我本人的價值，而是一個學習和成長的機會。現階段，我正慢慢學習接受自己的不完美之處，尋找平衡並肯定自我價值，充滿積極正面的態度。

回望過去，原來我是完美下的一名貼心奴隸。

日本近年流行有一禪宗獨特美學，名為「侘寂」(侘び寂び)。這種觀念認為真正的美不是完美無瑕，而是不完美和瑕疵。它鼓勵我們接納並欣賞不完美，並且認識到這種不完美其實是生活的一部分，是我們存在的證明。

追求完美的代價很高，結果卻可能徒勞無功。為何我們不容許自己放手，擁抱不完美？

不完美也是一種美，亦是鐵一般的事實。

因此，追求那一種美，都沒有差異。祇有你最清楚美的定義與自己的價值觀。在任何情況下，你可以分享你那一套追求完美的方法或觀點。但不能夠因為你認為自己「很完美」，迫使別人或要求他人配合你。

正如《墨子》所寫：「甘瓜苦蒂，天下物無全美。」世界上根本沒有一樣人或事物是完美無瑕、十全十美的。因為那根本就是「不」完美！

到底是你被完美所逼迫，或是完美被你所逼迫？內在是解答之源。

「完美是個美麗幻想

　抓不住的輸或贏又如何

　該放下了 好好活著」

蔡詩芸〈完美不完美〉(2021)

二・【你也有今天】的真諦：

超越表象與個人意義

讀書不成功就會做乞丐？

歌曲：韋禮安〈兩腳書櫥的逃亡〉(2010)

開始之前，我需要重申這文章袛是純粹用作討論的目的，並沒有任何貶低他人或職業的意圖。以此為題是因為我從小就被灌輸一個概念：「讀不成書就做一世乞丐」。

這句話，特別是我父親從小給我的忠告（我視之為警告），這也是影響我人生選擇的主要原因。這句話亦似乎已經在我的思維中根深蒂固。

某些香港家長教育子女的方式，常常在孩子考試成績優異時，採取一種貶低的態度，告訴孩子「一山還有一山高」；而當孩子的成績不理想時，他們就彷彿世界末日一般，怒目圓睜地說道：「生舊叉燒好過生你，讀不成書就做乞丐」。

我作為這個世界上的一個產物，毅然放棄了對自己夢想的追求。除了前面所述的原因，另一個原因是為了迎合父母的期望而完成了大學學位。儘管我以優異的成績畢業，但我清楚地知道，我讀書並不是為了自己，有些時候感覺袛是為了讀而讀，並非發自內心的動力。

你是否曾經懷疑過在學校學習的知識對於你的生活或未來的職業是否毫無用處？在我上中學的時候，我經常有這樣的疑問——為什麼我需要知道如何計算從地面到山頂的角度？為什麼我需要了解一個跳水運動員從十米高台跳到水池的深度？這些專業知識對於一般的教育真的能夠充分發揮其價值嗎？這真是令人無言！

長大後的我才發現父母的言論是源於他們在五、六十年代香港經歷的社會現實。那時的香港，社會階級劃分嚴明，教育成為改變命運的重要途徑。能夠拿取大學證書的畢業生往往能夠獲得高薪厚職，而沒有受

教育的人往往要在公司從低做起，更要力爭上游，或甚至被迫接受較低薪困苦的工作。

隨著時代的變遷和社會的進步，我們經不再處於那個時代。在現今的香港，高學歷的人才如雨後春筍般湧現，許多人擁有碩士甚至博士學位。大學畢業生無處不在，然而就業市場並未能提供足夠的高薪優質職位，他們的待遇與所擁有的學歷不成比例。近年來「學位貶值」，一張證書的優勢已不再像以往那麼重要。

《The Tyranny of Merit: What's Become of the Common Good? 成功的反思：混亂世局中，我們必須重新學習的一堂課》(2020) 一書中證明了「才德主義」教育下，祇有極小部份的人透過高等教育，完成了階級流動。換句話說，社會逐漸把教育視為階級翻轉的手段，而非投入在學習上。

現在我們擁有更多的選擇。我們可以選擇自己發展的興趣，不論是藝術、音樂、科技或是運動。我們甚至可以選擇創業，或者建立個人品牌，形式不拘。

我們更應該選擇自己喜歡的，而不是被迫成為別人喜歡的模樣。

仔細一想，顯然這種「不讀書就是乞丐」說法並不客觀或公正，且忽略了人們在不同領域和職業中的多樣才能和價值。世界上有不少成功的人，例如近至香港長實創辦人李嘉誠，遠至微軟創辦人比爾‧蓋茨 (Bill Gates) 及 Meta 董事長兼執行長的馬克‧扎克伯格 (Mark Zuckerberg)。他們並沒有接受傳統的學術教育，而是通過其他方式發展自己的才能，並取得了卓越成就。當然，我不會代入以偏概全的謬誤。這祇是引用一個例子來顯示教育並非唯一的成功之路。每個人都應該被尊重和肯定，無論他們是否接受過學術教育，他們的價值和才能都是多樣且獨特的。

當然，有些人可能會提出這祇是個別案例。我們也了解到讀書多並不代表一切。我曾指導過數位來自英國和美國知名大學的畢業生同事，但他們的工作方式令人震驚。對於這些高學府畢業生的工作表現，我祇能回答：「那又如何呢？」

早些年前，曾有報導提到一位香港中文大學碩士畢業生梁姓先生，求職次數超過二百次，卻始終沒有得到回應。這位從小在學業上表現優異的人曾經有一段時間需要依靠綜援過日子。

這些例子都證明了這種觀念在現今社會經已不合時宜。

無可否認，社會上普遍存在一種觀念，是對於學業優異並畢業於知名學校的人持有較好的觀感。實情是，教育背景祇是其中一個方面，個人的才能、工作經驗、人際關係和其他素養也同樣重要。

同時，我們亦不能夠否認人需要通過學習來獲得知識與技能，而教育是一種工具。同樣地，它不應該成為我們的桎梏。我們必須明瞭一點，無論一個人是否接受高等教育，或者是否擁有高薪優厚的職位，每個人都有自己的價值。

我們應該為自己而不是為了任何人的期待而度過人生，包括父母或他人。

生活在多元化的社會中，每個人擁有獨特的價值觀和人生觀。我們不能因為一種觀念而排斥其他可能性。尊重每個人的選擇和價值是非常重要的。我們應該謹記不將自己的價值觀加諸於他人身上。

你有否想過一位較多人生經驗的年長人士不一定比一位年輕人更明智或更有價值？年輕人也可以擁有獨特的見解和創新的思維方式。鼓勵開放的對話和相互學習才能建立一個包容多元觀點的社會。祇有通過尊重和接納不同的價值觀，我們才能實現真正的社會和諧與進步。

社會並不是二元對立的，而是一個充滿可能性的世界。我們的價值並不取決於我們的學歷或職業，而是取決於我們是誰，我們想要甚麼，我們能做甚麼。

我們需要擺脫「讀書不成功就會做乞丐」的思維方式。同樣地，我們需要為自己的人生找到新的定義。我們更應該重視學習，因為這是令我們能夠向前行的第一步。這亦是我們理解世界，了解自己的方式，為了成為自己想成為的人而學習。

記得在麥爾坎・葛拉威爾 (Malcolm Gladwell) 於《Outliers: The Story of Success 異數：超凡與平凡的界線在哪裡?》(2008) 一書中探討成功背後的多種因素，如機遇、環境和努力，並闡述了成功

人士的故事和背景。我們不能僅僅將成功或失敗歸因於單一因素，例如高等學歷或學術成就等。

當我回顧自己的人生，走到現在這一步，我沒有半點遺憾或後悔。通過教育回饋社會，我能夠影響和啟發下一代。對我來說，利用自己的故事來啟發學生們是一件非常有意義和有影響力的事情。當我看到年輕人在我的指導下成長和發展，我感到非常滿足和自豪。

此刻，我不禁思考。如果我能早一點悟出這道理，我會走上一條怎樣的人生道路？

「年少裡一點無知
人大了祇想隨意
試著去遺忘昨天不斷試
你有多難過 我都知」

方皓玟〈假使世界原來不像你預期〉(2017)

人生還需要完成甚麼？

歌曲：王心凌〈匿名的安慰〉(2012)

你可曾想過，有一天你與多年好友聊天時，他突然向你傾訴說：「我真的不知道我的人生還該做些什麼。」

是的，這是真實的故事，碰巧發生在我身上。

也許你內心或身邊的朋友也曾經表達過類似的困惑。當然，你可以給予他們一些正面的回應，但有時過於正面的語言可能會忽略到對方的真實感受（就像對別人說「加油」一樣，那衹是旁觀者的角色和心態）。

現在，試想像一下：假如你家裡有一箱蘋果，其中既有品質良好的蘋果，也有即將腐壞的蘋果。在這種情況下，你會先選擇吃好的還是壞的蘋果呢？

如果你先選擇食用即將腐壞的蘋果，那麼你是一個不浪費食物的乖孩子。但這樣做的話，原本品質良好的蘋果也可能會失去新鮮度，甚至腐壞。如果你選擇先吃好的蘋果，並將壞掉的蘋果丟棄，那就是所謂的「蘋果定律」。

當然，你也可能猶豫不決，最終連最後一個蘋果都沒有吃掉。這就像一直想要實現的計劃最終卻未能實現一樣。

那麼，你是否真正洞察了世事？你看清自己嗎？你的人生還有甚麼事想完成嗎？你的答案可以是到處遊歷，學習新語言，認識新朋友、建立自己的事業、甚至是「沒有」。

人是獨立個體，即使是雙胞胎，他們也擁有不同的思想。對於未完成的事情，每個人都有不同的想法和渴望。有些人可能有明確的目標和

夢想，清楚知道自己想要追求什麼；而有些人可能暫時尚未找到人生的方向，仍在探索中。

重要的是，我們需要真正了解自己，明白自己追求人生的價值觀和意義。這需要反思、探索和接納自己的內心。有時候，我們可能會經歷迷惘和質疑，這是正常的。我還記得十年前，在 Facebook 上有一個專頁名為「寫字人」，我在那裡寫下生活中的所見所聞，帶有一些諷刺時弊的內容。大約半年後，我毅然決定地關閉了那個專頁。當時，我對自己的創作和方向感到困惑，進入了一段內心的掙扎期。我開始質疑我所寫的內容和風格，懷疑自己的價值，擔心無法引起他人的共鳴或理解。

儘管如此，我一直沒有放棄書寫。祇不過是沒有將我這幾年來撰寫的文字「公諸於世」，像是一顆極渺小的種子，等待著發芽和茁壯成長。這些年來，我持續地寫作，把自己的想法、觀察和感受轉化為文字。文筆結構是次要，最重要的是我祇是漫無目的的低頭寫作，它漸漸成為了我表達自我的方式，是我與自己對話的途徑，也是我探索世界的工具。

而你正在閱讀的這本書都是在我寫作期間的「不經意」規劃，我並沒有設限完成的一件事。我祇想透過文字作連結，影響和啟發別人對自我的思考。

我們不時在社交媒體或網絡上看到一些「吸引眼球」的帖子或影片，例如「最好在……歲前就知道的事」，「人生必做的……事」等。我經常形容這些標題無情地給予人們壓力，似乎我們必須按照特定的時間表或標準來達成某些目標，否則就會錯過什麼重要的事情，導致我們的人生就好像還有許多事件未完成。

此時，我們必須需要釐清思緒，因為每個人的人生軌跡都是獨特的，並不存在一個固定的時間表或標準適用於所有人。切忌墜入一個無底深淵，也不要盲目相信這些標題所傳達的觀點。它們可能祇是基於某個人或團體的觀點，並不一定適用於每個人。過去、現在或將來的你即使沒有明確的目標，也不要感到沮喪或焦慮。人生的旅程是一個不斷發展和成長的過程，我們可以從中學到許多寶貴的經驗和教訓。關鍵是保持開放的心態，勇於嘗試新事物，並相信自己可以在不同的生活階段中找到屬於自己的意義，還有就是自身對人生負責。

有人說：「我們應該及時行樂。」我們就給予自己一些休閒與娛樂的時間。這可以是從繁忙的工作中抽出時間來放鬆身心，與朋友一起享受愉快的時光，追求自己的興趣和愛好，或是探索新的體驗和冒險。

另一方面，有人會提出：「我們應該知足，無需強求。」如果你認為沒有特別想做的事，就不要浪費時間，不必強迫自己為做而做！因為你此刻經已找到想做的事，就是甚麼都不要做。就像文章開端的選擇，吃自己認為足夠的蘋果便可，無需擔心別人口中的閒言閒語。

如果你是屬於「珍惜當下、人生苦短」的那一派別，你更不應該像偉人般自我犧牲。相反，應該以自己為前提，積極追求自己想要的事物。不再蹉跎光陰，利用所擁有的時間和資源，逐步踏出第一步去實踐與改變。這可能意味著尋求新的學習機會、發展新的技能、追求心靈上的成長，或者探索自身對某件事的的熱愛等。先選擇並進食那些品質好的蘋果一樣，並且把壞掉通通扔掉。

當然亦有人認為要先把壞蘋果吃掉，把好的留下來作其他用途，即是選擇充滿挑戰和面對困難的人生。他們相信通過克服逆境和困難，才能獲得真正的成長和成就感。這種觀點強調了成長和進步的重要性，不斷超越自己的舒適區，追求更高的成就。

修讀大學的期間，我選修了一些心理學的科目。我依舊十分認同美國心理學家亞伯拉罕・哈羅德・馬斯洛 (Abraham Harold Maslow) 所提出的提出需求層次理論 (Maslow's Hierarchy of Needs) (1943)。這一理論強調了個人的成長和實現需求，並從低層次到高層次分成五項需求指標：生理、安全、社交、自尊及自我實現。

自我實現 (Self-actualization) 是需求層次理論最高層次的需求，代表著個人追求個人成長、發揮潛能和達到自我完善的渴望。這與人生還有未完成的事情相關。我們需要注意的是，並非每個人都需要到達最高層次。每個人的生活背景、價值觀、文化背景和個人經歷都會對其需求層次的追求產生影響。有些人可能對生活的基本需求無法得到滿足、有些人可能對自我實現感興趣，但卻面臨內外部的障礙或挑戰等……

有時候，適當的放鬆並享受當下固然是非常重要的。重要的是要找到自己真正感興趣和熱愛的事物，找到內心的平靜和快樂。

我們的人生中總是存在著未完成的事情，這是一個不斷成長和探索的過程。

無論我們選擇追求目標、享受當下，還是接受現實並沒有找到新的方向，重要的是要以自己為中心，細心聆聽內心的聲音，並遵循自己的價值觀和目標。我們才能在人生的旅途中找到真正的滿足和意義。

人生在你手，所下的決定就是屬於你自己的篇章。無論高低起伏，都是一個完整的故事。

「完成」的是「甚麼」，你才是最終決策人。

這「甚麼」，顯然並沒有拘限。

「向上的 生長永遠都不易啊

被汗浸濕的臉龐多無價

定義自己故事的人是我啊」

希林娜依‧高〈我們終將到達〉(2023)

取得成功後，然後呢？

歌曲：Avril Lavigne〈It Was In Me〉(2019)

每個人都有藏於心底的「好勝心」，祇是在乎哪一方面。每當我們達成自己設定的目標，建立一個人生的里程碑，贏得所謂的勝利時，我們便會繼續不斷追求更多。

這種追求可以是「自覺」或「不自覺」。有些人明確地知道他們想要些什麼，從而為自己訂立了明確的目標和計劃，並持續努力；也有一些人並沒有明確的目標，他們祇是不斷地追逐著表面上的成功，卻不知道自己真正需要什麼。

最近，我抽空參加了一位我認識了近二十年的摯友的碩士畢業拍照活動。在那天的巧合之下，我終於有機會與她的媽媽相識。作為年輕一輩的我非常喜歡和年長人士交談，因可了解他們對於不同事物的想法和分享人生經驗。在拍照之後的小聚活動中，她祇用了不到十分鐘的時間，總結了她的一生感受。

至今，有一句她的話我仍然記得非常清楚，她說道：

「年輕時總是爭取著這些，一直不停地爭取。但當回頭望去，才發現一切原來都是虛幻的。最終，所有的爭取都化為烏有。」

我們一生中都有著各種的追求經驗，如成功、完美、卓越、真理、真相、夢想、名利、幸福、享樂、財富等等。當我們回顧人生的最終目標時，原來我們一直以為很「風光」的祇是一個標籤。

父母教育與社會體系的影響下，我們潛意識追求「標籤光環」。

父母可能會強調特定的榮譽、成就或社會地位，將這些標籤視為成功的象徵。他們可能鼓勵我們追求高學歷、優越收入高的職業、名牌大學的錄取，或是在特定領域的專業認可等。這些標籤被視為社會認可和

價值的象徵，因此我們在成長、被教育的過程中或多或少會受到這種價值觀的「薰陶」。

對於社會體系，它往往以教育、職業、財富等標籤來評價一個人的價值和地位。這強調特定的成就和身份，並將其視為社會地位和成功的象徵。這使得我們在追求這些標籤時感到壓力，但同時說服自己這是實現幸福和滿足自身的途徑。

當我們完成或達到所謂一個目標時，我們可能會感到短暫的滿足和成就感。當下我們或許暗暗會為自己喝采或與相關人士慶祝等。事實上，這種滿足感往往是暫時的，我們很快就會開始尋找下一個目標，不斷地追求成長和進步。

人類的渴望是無窮無盡的。

除了前章節所提及的需求層次理論 (Maslow's Hierarchy of Needs)，美國史丹佛大學心理學教授卡蘿・德韋克 (Carol S. Dweck) 的心態模式理論 (2006) 也提供了有關追求成功的洞察。她的研究指出人有兩種不同的思維模式：「固定心態」 (Fixed Mindset) 和「成長心態」 (Growth Mindset)。「固定心態」的人相信能力是固定的，他們認為自己的才能無法改變。因此，他們注重外在的成功和肯定，並避免面對失敗或挑戰，以免暴露自己的不足；相反，「成長心態」的人相信能力可以通過努力、學習和持續的成長發展。他們對於挑戰和失敗持有積極的態度，並將其視為學習和成長的機會。

在此，我們需要思考以下問題：為什麼要追求成功？我們是否真正了解「成功」這個詞的含義？在人生中，成功的定義是什麼？我們是否追求成功是為了取悅他人或符合社會的期望？當我們達到一個成功的目標後，下一步該如何繼續前行？選擇不斷追求成功是否就是一個成功的方程式呢？

讓我用過內人的身份告訴你：如果我們祇是追求表面上的成功，而忽略了自己內在的需求，例如情感和精神健康，那麼我們可能最終會感到空虛和失落。

正如前章節所列明，大學時期的我以第一名的成績畢業。是的，這是我艱難的目標終於達成了。可是，背後的真相是沒有人知道我內心的真實狀態。表面上，我總是面帶笑容地迎接他人，但內心卻經常感到孤

獨和迷茫。我多次約見了社工是因為我覺得自身的精神狀態出現了問題。

我不再認識自己。

因為認識自我的旅程確實並不容易。

回想起好友的媽媽跟我所描述的觀點，我發現它與馬斯洛的需求層次理論和卡蘿 · 德韋克的成就心態理論相吻合。馬斯洛認為人們在滿足基本需求後，會追求自我實現和成長。成就心態理論則強調了對於挑戰和學習的追求，以實現個人成長和成功。這些理論提醒我們，成功的本質在於內在的滿足和個人成長，而不僅僅是追求外在的榮耀和成就。

有人認為獲得成功便有滿清滿的幸福感。那麼，成功是得到幸福的關鍵嗎？成功後便會獲得幸福嗎？戴爾 · 卡內基 (Dale Carnegie) 於其著作《How to Win Friends and Influence People 如何贏取友誼與影響他人》(1936) 提出這兩個關鍵詞的定義：

"Success is getting what you want. Happiness is wanting what you get."

(成功是得到你想要的，幸福是渴望你得到的。)

我們能夠確實的是成功衹是一個外在的標誌或結果。它代表的是一個目標的實現、一個成就的獲取或一個地位的提升。需要釐清的一點，成功本身並不能保證幸福感的獲得。幸福是一種內在的狀態，它來自於對自己真實需求的理解和滿足。例如我大學時期一直在追求外在的成就和成功的同時，我徹底忽略了對自己內在需求的關注。

當我一直在追求其他人的認可和社會的期待，但卻沒有真正滿足自己的內心需求。這種忽視導致了我內心的不安和對自己身份的迷失感。

每年的畢業時期，我總會留意網上有關畢業嘉賓對畢業生的分享，因為這些分享不時能夠帶給我一些啟發和反思。

在二零一六年國立台灣大學電機系畢業典禮上，他們邀請了其電機系葉丙成教授發表演講。我抄寫了其中的一段話在我的記事簿中：

「……是當（我們）拿到標籤後，才發現並沒有得到新的神奇法力，衹得到對下階段人生的茫然和空虛。於是，衹好再繼續找尋下一張

標籤來追求。如此過程，不斷循環，直到有一天年紀大了，氣力放盡、無力再追為止。這樣的人生會不累嗎？拿掉標籤之後，你還剩下什麼？為什麼你的價值要由別人來標定呢？為什麼你不能定義自己的人生是否成功？為什麼你要被三姑六婆四伯七叔教你怎麼過人生？請記住，人生是由我們做過的那些事所組成的，不是由我們收集到的那堆標籤所組成的。**You are defined by what you do, not by what you own……**」

在現實生活中，我們可以見證許多著名人士的例子，他們涵蓋了企業家、藝術家、運動員和知識界的領袖。這些成功人士並未停滯不前，而是繼續追求新的目標和挑戰。同時，他們也懂得在適當的時候反思並重新評估自己的方向。

舉例來說，歐普拉‧溫芙蕾（Oprah Winfrey）於二零一一年結束了長達二十五年的節目《The Oprah Winfrey Show 奧普拉秀》，並將注意力轉向她的媒體公司和慈善事業。這展示了她知道何時停下來，重新調整並追求新的事業。

同樣地，許多運動員無論他們的努力有多久，最終也會考慮自身的情況並選擇在運動場上退下來。比如米高‧喬丹（Michael Jordan）和羅傑‧費德勒（Roger Federer）等人。他們意識到需要保護自己的身體和健康，並在需要時進行休養和康復。這顯示了他們知道何時需要停下來，以確保長期運動生涯的成功。

如果你正處於「為勢所迫」的情況，也許你已經取得了某種程度的成功，但你感到壓力和迫切需要繼續努力。或許你可以從成功人士的例子中學習，反思自己的成就，並重新思考並評估下一步的方向。

若然你袛是「為迫而迫」，即是你內在無目的迫使自己不停在追求成功，不斷地追逐新的目標，而沒有給自己時間停下來休息和反思。我建議你立即停下來，切忌忽略身邊的人與事。

撫心自問，誰不渴望成功？誰袛甘願所謂的「平平淡淡」過一生？而你口中的平淡又可真是「平淡似水」並無高低起伏？

若然你連成功也沒有清楚的定義，獲取成功後，你袛會泥足深陷去繼續追求下一個成功。因為這証明了一個那個連自己也不願意承認的事

實：你要證明別人看證明自己不比別人差，迫切勝過別人，實情是輸在自己所設下的面子問題。 那真是令人慘不忍睹！

安全感從不在你身上出現；這種追求成功不是自我表現，而是自我貶值。

一直無止境下追求你口中的成功，那是真正的成功嗎？然而，當你決定繼續追求你所認為的成功，請問這是一個基於甚麼所作出的決策？追求成功或會令人盲目、無視了本身的自己。與其人生要成功的標籤，倒不如在成功後追求做事的意義。

讓我引用由亞伯 · 艾里斯 (Robert Almer Harper) 及羅伯特 · 哈珀 (Albert Ellis) 合著的《A Guide to Rational Living 理性生活》(1975) 當中的一小段落：

"The idea that one should be thoroughly competent, adequate, and achieving in virtually all respects boils down to the notion that one should be superhuman rather than human; and that is palpably a ridiculous dictate. This inane idea, however, is remorselessly propagated in our homes, schools, books, newspapers, movies, advertisements, songs, TV shows, and every other medium of mass communication. Other cultures, too, have taught their people that they should excel in various ways; but none, perhaps, to the enormous degree to which we teach this nonsense to our people."

你又何會發現原來我們一直處身於一個普遍存在卻荒謬絕倫的觀念下生活？

這段文字提醒我們，追求成功並不意味著要在所有方面都完美無缺。人們不應該將自己的價值與成就完全聯繫在一起，而應該在成功後追求事情本身的意義和價值。

請謹記，本章節並非要否定「追求成功」的價值。我們的目的是深入理解追求成功的原因和意義，以促進個人成長。透過自我反思，明確我們的動機，可以幫助我們確定真正想要追求的目標，並確保我們所做的事情符合自身需求。

　　那麼，成功是什麼？我們追求的成功又是什麼？了解這些定義後，下一步該如何著手呢？

　　畢竟人生祇活一次，追求成功與否的框架取決於你自己是心甘情願地接受它，還是感到被束縛其中，或是勇敢地跳出自身所設下的框架。

「再自訂 大量禁忌

拖跨的 肯定就是你

你敗在 事事顧忌

衹懂得 Wow wow wow」

李幸倪〈Dum Dum〉(2023)

可以「躺平」嗎？

歌曲：蔡依林〈消極掰〉(2018)

二零二二年十二月，「躺平模式」的英文翻譯「Goblin Mode」被牛津詞典選為年度代表詞彙。

近幾年來，我們不時聽到「躺平」一詞。

「躺平」於二零二一年出現於中國內地網站百度貼吧中的一篇《躺平即是正義》的貼文。它意指沒有任何特別期望與目標、努力進取的想法。文中最後寫出以下句子：

「衹有躺平，人才是萬物的尺度。」

這種態度無疑是一種與世無爭、不思進取的處世態度。

不衹是中國，其他國家也存在類似的躺平現象。在各國有著不同的名稱和定義。美國有一種類似的現象為「歸巢族」(Boomerang Kids)，指的是那些依賴父母或其他親戚的經濟支持而畢業後仍回家依賴他人生活的年輕人；英國和日本的「尼特族」(Not in Employment, Education or Training，簡稱 NEET，與「啃老族」有相似意思) 則是年輕一輩選擇不工作、不上學、不進修，終日無所事事。

本章節所探討的並不是上述完全不做任何事、不理會任何人這種極端情況，而是回歸到最基本理念 — 這是對現代社會壓力的一種回應，一種自我尋求平衡和自我照顧的方式。

讓我們理性地思考：「躺平現象」一直存在。為何我會這樣說？我們身邊何嘗不是一直都有抱著這樣想法的人。

對於傳統的成功觀和壓力，社會一直持有不同看法。這種一直被「小眾化」想法的出現可能是因為個人經歷、社會狀況轉變等多種因素

的影響。它的出現提醒著我們自身一個重要的指示 — 社會和個人之間的關係是相互影響的。在追求個人成就和幸福的同時，我們也應該關注他人的需求和社會的發展，以營造一個更加平衡和有意義的社會環境。

在華人文化中，強調奮鬥、努力工作和追求成功的價值觀念相對較為普遍。因此，社會上有部分人對於擁抱「躺平」想法是個體較為負面的。很多情況下，它被視為一種逃避現實和責任的態度，他們將其視為對社會價值觀的挑戰。其中一個原因是我們的社會把「成功」視為一種重要的價值。就像本書前章節曾提及到，我們大多數自小「被鼓勵」教育下通過努力實現自己的目標。因此，當我們選擇「躺平」，這種態度可能會被視為對這些價值觀的否定。

為此，我們更要理解當年社會的發展。香港在上世紀八十年代經歷了一段經濟蓬勃發展的時期。當時的年輕一輩祇要努力，所謂願意做、願意捱，大部分都能獲得回報。相比之下，如今的年輕人身處的早已不是當年的香港。階層固化、過度競爭、樓價長期高企、物價持續上漲、社會貧富懸殊、高等教育普及化、全球化、科技進步、經濟結構調整等問題都對香港的經濟和就業環境產生了影響。面對這一籃子的因素，那句「祇要努力就有正回報」的口號確實經已不合時宜。

一些人採取了所謂的「躺平」或「佛系」態度，並不代表將所有人都擁有同樣的價值觀。它是屬於不爭不搶的生活方式，亦是對現實困境的回應，同時反映自身對於社會前景的不確定感。

有趣的是，我們應該要想為何這原本是一個自我「普通」的想法會演變成一種「社會現象」？這看似是把一個簡單的概念被複雜化嗎？

二零二二年八月，香港著名美食評論家兼作家蔡瀾在香港書展接受訪問時，被記者問及如何看待中國年輕人無目標、無追求的「躺平文化」，蔡瀾竟霸氣回應：「本來就應該這樣」。他的回應讓在場傳媒頓時無言。

我看到影片後不禁大笑一番。當然，蔡瀾的回應確實具有一定的霸氣和幽默感，並且在場人士的反應似乎也有些意外。這種回應可能反映了他對於「躺平文化」的一種觀點，認為這種現象在某種程度上是可以理解和接受的。

許多身邊的人看到我是一個不會停下來的人，每天幾乎把不用睡覺的時間也安排得滿滿的。我與「躺平」之間有一大差距。就像某些人一樣，幾乎每天都把所有的時間都安排得滿滿的，甚至不願意休息和放鬆。

多年來，有一件事讓我難以釋懷，那就是他人對我的印象。換句話說，我無法釋懷自己在眾人面前一直塑造的「假象」。由於我並非生活在富裕家庭或能依賴家庭無憂無慮，我一直努力追求自己設定的目標。在這個競爭激烈的社會中，我感受到壓力和負擔，因此我總是不停地奮鬥，不願停下來。

事實上，很多時候，我內心不禁嘆息著：「我累了」。

隨著時間的推移，我逐漸意識到這樣的生活方式並不健康。我犧牲了休息和放鬆的時間，忽略了自己的身心健康。我始終處於高度緊張的狀態，不斷追求更高的成就和更大的目標，卻忽略了內心的平衡和幸福感。

當我看到蔡瀾回應時，我無法抑制地笑了出來的原因是他的回應是一種反諷的提醒，提醒我們不要被社會的期望和框架所迫壓。每個人都應該有追求自己幸福的權利，而幸福不僅僅來自於外在的成就和追求，也源於內心的平靜和自我接納。

過去一段時間，我開始感受到身體出現了一些異常的徵兆，甚至出現了一些健康問題。同時，我也注意到身邊的朋友們有類似的經歷。這是一個警醒的信號，提醒我們需要停下來，重新評估我的生活方式。

我開始思考，選擇「躺平」並不是一種放棄或無目標的態度，而是尋求自身平衡和真實需求的一種方式。或許在忙碌追求的過程中，我們需要給自己一些休息和放鬆的時間，重新連結內心的需求，並找到屬於自己的平衡點。換句話說，我們不能長期忽視自己的身體需求和內心的平靜。學會尋找平衡點確為重要。

雖然近年來有部分人已選擇到外地生活，但這不減這個社會環境的競爭性與激烈性。同時，社會上有部分人對競爭和物質追求感到厭煩是不爭的事實。他們渴望遠離壓力，用最低慾望過著自己的生活。不難發現，這樣的人們一直都存在，很有可能出現在你的生活當中。

　　面對「躺平」，我們應該思考如何平衡自我與他人、個人追求與社會責任之間的關係。躺平可以被視為一種逃避現實和責任的態度，但同時也反映了現今社會中一些普遍存在的問題。這些問題包括競爭激烈的工作環境、高壓的學業要求、經濟不穩定以及心理健康問題等。因此，單純地批評躺平現象並不足以解決問題，我們需要更深入地探討其背後的原因。

　　對於個體而言，「躺平」可能是一種自我保護和自我療癒的方式。在現代生活節奏快，人們壓力重重，追逐成功和物質的情況下，它可以被視為一種放鬆身心的方式，讓我們暫時遠離競爭和壓力，尋求內心的寧靜和平衡。當然，「一枚硬幣有兩面」。它亦可能成為一種過度沉溺的態度，導致我們失去對生活的動力和目標。這一切是取決於個人的自我控制能力。

　　從社會的角度來分析，「躺平」揭示了社會結構和價值觀所存在的一些問題。當一個社會無法提供足夠的機會和公平競爭的環境時，我們或許可能會感到失望和無助，進而選擇「等」。這是現今年輕一輩最常遇到的情況。這並不是別人口中的負面思考，而是認清事實（赤裸裸的事實往往是難以接受）；這不是安於現狀，而是對現實情況的回應，對現有社會結構和價值觀的質疑。

　　此外，過度追求物質和功利導向的價值觀也是導致「躺平」現象的原因之一。這種價值觀強調外在的成就和物質財富，忽略了個人內心的需求和追求。我們或許感到被這種價值觀所束縛，而選擇放棄追求這些表面的成功，尋求內心的平衡和自我實現。

　　我想我們一生總試過有一秒間夢想到甚麼都不用做。「躺平」生活可能被視為一種渴望，但對於大多數的我們來說，我們不得不勇敢地面對生活中各種挑戰，包括需要賺取收入維持生計、追求目標和夢想，滿足個人的成就感等。即使渴望自由和輕鬆，現實的壓力和競爭往往迫使人們不得不積極參與社會和努力追求成功。

　　正因如此，我們需要建立一個更加包容和平衡的社會環境，同時尊重不同的價值觀。或許躺平生活與現時主流的價值觀不符，但每個人都有權利選擇自己的生活方式。

無悔無怨地選擇「躺平」就是擁抱自我的價值觀。每個人都掌握最終的決定權，也要尊重他人的觀點。

總括而言，每個人對「躺平」的理解和詮釋不盡相同。「躺平」可以被視為一種多面向的現象。它既代表了尋求真實的自我，自我解放和對社會體制的抗拒，也可以被視為一種逃避現實的態度。同時，它也反映了現代社會價值觀的轉變，特別是在工作與生活平衡的失衡問題上，還可以被解讀為對功利主義價值觀的反思。

最後，讓我改寫一則金句：「好多人都躺平，唔通好多人都真係可以躺平咩？」

"Oh, today I don't feel like doing anything
I just wanna lay in my bed
Don't feel like picking up my phone
So leave a message at the tone
'Cause today I swear I'm not doing anything"

Bruno Mars〈The Lazy Song〉(2010)

三 · 眾裡尋找【第三人稱】：

自我表達與內在衝突

你可有了解到生活中的「小確幸」？

歌曲：V6〈Feel Your Breeze〉(2002)

　　現代社會中的生活節奏緊湊而忙碌，我們時刻都在尋找那一絲寧靜和安慰。其中，近年來流行的「Me time」成為了一個重要的概念。這段屬於自己的時間，旨在放鬆身心，給予自己空間去做自己想做的事情，是一個獨處的時刻。

　　幸運地，我找到了這個小小世界 —— 一間位於我家附近的名為「小確幸」的咖啡店。

　　「小確幸」（しょうかっこう）一詞來自日文，亦是源自村上春樹的散文集《蘭格漢斯島的午後》(1986) 的一篇文章，意指稍縱即逝的美好、微小又確實的幸運感。

　　無論是在令人透不過氣、身心俱疲的日子，還是心情愉悅、充滿歡喜的時刻，每個星期我都會抽出時間來到這個後花園。這個地方能夠充滿我的靈魂，讓我在生活的忙碌中找到一絲絲慰藉和一點點幸福。

　　「小確幸」是一間充滿濃厚文藝氣息的咖啡店。縱使它位處於社區一所中型商場內，店內卻陳設簡單而令顧客有在家溫馨的感覺。每一個角落都透出一股慵懶與舒適的氣息。店內的咖啡香氣與書香氣交織在一起，讓人感到無比的放鬆與愉快，彷如置身於另一個空間。店舖內員工的服務態度尤其出色，他們總是面帶微笑，用心聆聽每一個顧客的需求，無論我在何種心境下走進店內，都能在這裡找到安慰，找到屬於自己的空間。

　　咖啡店最招牌飲料必定是咖啡吧！祇可惜本人對咖啡比較無感。這裡配上燕麥奶所調配的熱巧克力是我每周必嚐的小確幸。客人每一杯飲料都是經過店家精心調配和沖泡，香濃而帶著苦澀的熱巧克力配上店家特製的甜點，每一口都是一種全新的體驗，讓人經歷一場味覺的奇妙旅

程。品嚐這裡食物與飲料的溫度，加上舌頭味蕾的觸感與味道，就像是在品嚐生活的甜與苦，每一口都攜帶給的極致的滿足感，更讓我更深刻地體會這就是生活。

我每次逗留在咖啡店的時間必定最少為兩小時，正因我愛觀察旁人的生活與行為，而這裡又能遇到各種各樣的人。有來去匆匆的忙碌上班族、有帶著筆記電腦的創業人或學生、有相互談歡的戀人或好友聚餐、亦有不少年老一輩在這享受時光的流逝⋯⋯每個人都在這裡有其目的、有其選擇、有其愛惡。他們或許在專注工作或學業，分享故事、訴說經歷，感受當下，當中有不同程度的喜怒哀樂，觀察當下有著各種情緒感知的體驗。

最令我樂而忘歸的便是「小確幸」裡的閱讀時光。店內有一個小小的書角，裡面陳列著各種書籍，從文學到藝術、從哲學到心理學，無所不包。我還記得第一次走到書角前，令我目不轉睛，像是走進了走進一個新的世界。儘管這些書籍全是二手書，但保存得宜。店長經常鼓勵顧客多閱讀，推廣「一換一書」活動。

閱讀是我生活其中一個「小確幸」。閱讀不僅是一種消遣，更是一種心靈的滋養和成長。通過閱讀不同書籍中的一字一句，令我盡情地探索各種主題和領域，與作者的思想對話、拓寬自己的視野、深入了解自己和世界，帶我到達一個未知的領域。這讓我在閱讀的過程中找到新的自己，從而思考人生的意義和價值。倘若每天能夠安排大約半小時的閱讀「自療」時間，我經已感到深深的滿足。

我身邊認識一些友人對閱讀或到咖啡店流連沒有太大的興趣。不要緊，這是屬於我的「小確幸」。

在這個物質主義盛行的社會，人們往往把金錢和物質看得太重。請注意，此句不是指出金錢沒有絲毫重要，而是這種強調物質財富的觀念常常使人們忽略生活中其他重要價值、忽略了生活中那些微小而確實的幸福。

然而，需要明確的是，我們並非全盤否定擁有一定金錢或物質的重要性，而是當我們生活在繁忙的都市時，很容易忽略其他同樣重要的價值觀，例如人際關係、健康和生活品質。在這個節奏急促的環境中，人們往往衹追求財富和物質擁有，卻可能忽略了整體幸福感和成就感。我

們必須提醒自己，金錢和物質衹是生活的一部分，不能成為我們價值觀的全部。

你有沒有察覺現今人們往往對生活的細節會比較視而不見？一部分原因是由於我們生活在這個瞬息萬變、物質滿溢的世界之中。生活中一些看似微不足道的細節，構成我們生活的體驗就是「小確幸」。它就在我們生活的每一個角落，等待我們去發現。

「小確幸」無處不在，衹要我們用心去發現，就能感受到它們的存在。它們或許是每天你走過它身旁那朵盛開的花、一杯香氣撲鼻的中國茶、電話應用程式中一首悅耳的歌曲、一句摯友對你關心的問候等。

這些微小的存在是真實的，即使大部分時間被我們忽略，但它們能為我們帶來小小的喜悅。衹要我們多加關注，多了解這些小事物，並與自己的生活多作交流，就能發現生活的美好不僅局限於物質和金錢。

當我們意識到自己在生活中找到的「小確幸」，我們就能更理解自己的喜好，了解自己的內心深處，亦可以更有自信地面對生活的挑戰，因為我們知道，無論生活有多麼艱難，我們都可以找到一絲的慰藉。

要釐清的一點是，「小確幸」並不是我們逃避現實的方式，而是對生活的深刻理解，對自己的認識，以及對生活的肯定。透過這種認識，我們能更好地理解自己，找到內心深處的真實自我。因此，我們不僅能更好地應對生活的挑戰，也能更好地享受生活的美好。

試回想一下，你生活中曾出現以下事物嗎？

那一杯在辦公室枱上出現的咖啡，令你在辛勞工作中有一點能夠喘息的一刻。

那一句好友跟你鼓勵的話，令你在遇到困難的時候重新振作、充滿希望起來。

那一道美味的日本料理，令你的味蕾享受到無比的滿足和愉悅。

那一場奪人心魄、扣人心弦的舞台劇演出，令你彷彿置身於一個全新的世界。

那一次意外的相遇，令你與從不認識的人建立了一份特別的連結。

以上這些情節都是生活中「小確幸」的例子。它為我們的生活增添了色彩、更讓我們了解到快樂並不祇來自於外在的成就和收穫，而是來自內心的感受和體驗。

我們需要的是學會放慢腳步，感知生活中的細節，體驗那一刻的美好。放慢並不意味落後他人、停滯不前或錯過機會。相反地，它讓我們注重當下，專注於我們所做的事情，提升對細節的敏感度。這種細緻觀察的能力可以豐富我們的思維和創造力，使我們更好地理解自己和周圍的世界。

如果生活或人生令你透不過氣，嘗試詢問自己以下的問題來尋找自己的「小確幸」，從而找到真實的自我。

你有沒有潛在喜歡的活動或嗜好？那些物件或事情會令你打從心底真正的感觸或快樂？甚麼時候令你感到最自在？你所擁抱的是那種價值觀？

嘗試減慢生活的節奏，讓你有機會感受生活中的每一個瞬間。無論世界是多麼紛擾、多麼紊亂，總有一個屬於我們的一瞬間。

當你學會享受生活中的「小確幸」，便會發現人生並不如想像般艱難，生活其實並不想像般乏味。

如果有人對我說：「睡眠可以是我的小確幸嗎？」

「恭喜你！你經已進一步更了解你自己。」

我們經常身處其中，在一切出現於生活的人和事視其為理所當然。當然，我們亦不必過於費力、投放太多資源或成本。

從這一刻開始，多留意一天中的細節。最終你會發現原來生活充滿微小而美好的瞬間。那就是屬於你的「小確幸」。

「隨時快樂樂於尋獲

或觸得到聽得見每一個念頭

觸動像感同身受

萬種知覺衹須我自覺」

C AllStar〈小確幸〉(2014)

「與眾不同」或「標奇立意」是錯嗎？

歌曲：Ava Max〈So Am I〉(2019)

不瞞你說，我一生有近十年時間都是被排擠的那一位。當中最令我感到最孤單無助，但同時也是我成長最快的就是中學時期。

現在回想起那時同學們對我的行為，真令人嗤之以鼻！那時候，我的行為舉止像是個別人口中的「女孩子」。

那時我就讀於區內一所第一派位組別的英文中學。同學們普遍「正常」，成績優異。那年代老師們都喜歡這些平凡的學生。（大部分老師們不就是喜歡那種標準聽教聽話，成績卓越的學生嗎？）

我喜歡跳較為女性的舞蹈，經常仿效我的偶像台灣女歌手蔡依林。我熱愛表演、愛打扮、兼追上潮流尖端。私下我也喜歡穿裙子及高跟鞋。

我也討厭上運動課（除了柔軟體操及瑜珈 — 當然那些年學校不會舉辦這些活動）。我討厭與其他男同學一同玩樂，因為總是有一種格格不入的感覺。我知道我與其他所謂正常的「男孩子」不一樣，但我並不覺得有甚麼不對。那時候，我祇想是努力做我自己，不想去迎合別人。

然而，我的與眾不同卻換來了同學們，特別是男同學們的嘲笑和排斥，對我說甚麼「娘娘腔」、「女人型」等稱呼，說我像個女生。而女同學也不會因此對我買賬 — 由於我是男生，她們也不想我「埋堆」。她們不會因為我被男同學排擠而跟我玩。而互聯網上又有散布我負面的消息等……

那時候，我意識到原來一直在我生活出現的人們，他們的眼光是多麼的片面與膚淺。他們腦海祇會把狹隘的認知作為他們評價的一切，將自己所擁有的價值觀當做他們眼中「世間的標準」。那是多麼的荒謬、諷刺！

該段時期的我除了繼續自我陶醉表演給自己看，我亦開始養成閱讀的習慣。最令我印象難忘的是我讀到《莊子·秋水》中的《知魚之樂》。

以下是其文章節錄：

> 莊子與惠子遊於濠梁之上。莊子曰：「儵魚出游從容，是魚之樂也。」 惠子曰：「子非魚，安知魚之樂？」莊子曰：「子非我，安知我不知魚之樂？」 惠子曰：「我非子，固不知子矣；子固非魚也，子之不知魚之樂，全矣。」 莊子曰：「請循其本。子曰『汝安知魚樂』云者，既已知吾知之而問我。我知之濠上也。」

莊子和惠施的「子非魚，焉知魚之樂」故事告訴我不要以自己的立場和觀點去評判別人，因為我們沒有辦法真正了解別人的想法和感受。如果我們永遠說話的於出發點祗站在個人立場、主觀地理解所有事情，就會是河伯那樣的錯誤，錯在用自己定下的標準去評判別人。

被同輩排擠的感覺就如萬箭穿身，心裡說不出的難過。可喜的是，我從不因此感到尷尬或自卑。倘若當天的我沒有一顆強大的心臟，也許翌日登上報章頭條的是正是我本人。最令人意想不到的事，但我沒有放棄做自己。不知道為何我腦海永遠有一句說話在默默的告訴我：

「你祗要堅持做自己，總有一天會有人欣賞你的。」

因此，我明白自己的喜好與他們不同，這並不代表錯誤。在逆境中，我學會了堅守自己的價值觀，並且相信與眾不同並非錯誤，而是一種珍貴的獨特性。

或許有人會說，這種態度是自私的，因為我忽視了他人的感受。我並不是要排斥他人或傷害他人，而是要通過堅持真實自我的方式，激勵他人也勇敢表達自己。當我們都能夠活出真我，這個世界將會更加豐富多彩。

另一方面，我們需要明白到同儕霸凌是一個世界各地都普遍存在的問題。這種行為包括言語上的侮辱、威脅、身體上的暴力、排擠、在網絡上散布貶低他人的消息等。同儕霸凌對被害者造成了很大的心理和情

感傷害，可能導致壓力、焦慮、抑鬱甚至自殺的風險增加。這也會對受害者的學業、工作和社交生活產生負面影響。

作為過來人，如果你正在被霸凌，請切記不要像我般默默忍受，你務必尋求信任的人協助。我們必須遏止這些行為。人與人之間需要學懂互相尊重。

「錯的不是你的與眾不同，錯是他們的自以為是、愚昧無知」。

在台灣第三十屆金曲獎頒獎禮，蔡依林憑〈玫瑰少年〉一曲榮獲最佳年度歌曲獎。於舞台上致謝時，她說：「在任何情況我都有可能成為某一種少數，所以我更要用同理心去愛任何身邊的人。這首歌獻給他，也獻給所有曾經認為自己完全沒有機會、沒有選擇的你。你一定要記得選擇你自己，也支持你自己。」這首歌除了令我們了解台灣的葉永鋕事件外，更鼓勵我們相信自己的能力，並用同理心和愛心對待他人。

幸運地，我找到了自己的歸屬、遇到了幾位明瞭我的朋友（當然大家了解多年後成為了好友）。他們看到我的與眾不同、欣賞我的獨特之處。現在，我依然與眾不同，但我不再在意別人的眼光，繼續表現自我獨特之處。我知道，我不需要理會別人所論的批評，我祇要做我自己就好了。

感謝全球化，讓某些人們的視野更廣闊，更加清醒過來，令他們對於各方面的樣貌、行為、舉止等接受程度比以往更高。我這裡指的「接受」不是他們「同意」這些事，而是人們的對世界了解較多，會從他人身上多理解及思考。

但是，社會仍有某些族群或小眾，因為不符合大眾的期待，而被冠上「與眾不同」、「標奇立異」的標籤。他們遭受著來自同儕、公眾，甚至家庭的壓力，被迫隱藏自我，扭曲自己的本性。

你看過周星馳所編導的《少林足球》(2001) 嗎？趙薇飾演的阿梅，在老闆娘長期壓迫下，在最後一幕終於充滿自信兼霸氣地道出心中的一句：

「我就是我，我·是·阿·梅！」

　　無疑的宣洩是表示一直埋藏在心底最想完成的事 — 我就是有點奇異、我就是性格獨特、我就是獨一無二，旁人無需給予無謂的批評。再者，旁人憑甚麼批評別人？

　　每個人都有自己的個性和喜好，這些並不該被視為貶低的標籤，而應被視為我們的獨特性和價值。每個人都有權利去追求各自的快樂，我們不應強迫他人去適應自我的期待，也不能強迫他人去滿足自我的需求。《論語・子路》中的一句「和而不同」，我們需要互相尊重各自的獨特性，同時強調人與人之間須彼此包容。

　　於是，這「與眾不同」的我（有人甚至形容我是「標奇立意」），獲得了許多意想不到的收穫。在中學時期，我被邀請到校內和多所名校的聯合活動中表演，還被選中參加了於台灣舉辦的蔡依林舞蹈大賽。在攻讀碩士學位期間，我也受邀在課堂上和畢業晚會上表演。

　　這些經歷讓我更加堅信，我們每個人生來就是與眾不同的，我們不需要在意他人的眼光。我深信這句話的真實含義：

　　「這世界上並不缺少與眾不同的人，而是缺少敢於堅持真實自我的人。」

　　我希望我的經歷可以鼓勵那些與眾不同的人。不要害怕做自己，更不要在意別人的眼光。

　　你是為自己而活，不是為別人而活。

　　「與眾不同」或是「標奇立意」，根本沒有對與錯。前題是這種不同並未導致他人受傷或蒙受任何損失。我們與生俱來就是有所區別的，面這就是人的魅力、價值所在。

　　不要試圖改變自己，要接受自己的獨特。

　　我也活過來了。**Don't freaking care about the others!**

"Whether life's disabilities.
 Left you outcast, bullied, or teased
 Rejoice and love yourself today
'Cause baby you were born this way."

Lady Gaga〈Born This Way〉(2011)

你做這些事是為了取悅他人？

歌曲：容祖兒〈另眼相看〉(2013)

　　我認識一位朋友，她是一名天蠍座年輕女士。有一次跟她談天時，她說：「我就是那種會做任何事情去取悅他人」。她說看到別人開心，她便滿足。

　　她有著天蠍座的倔強與堅定。儘管身邊的友人都說她不應祗為了取悅他人，忘記自己的需要，她並不作理會。她深信看到別人滿意，她便心足了。她願意犧牲自己的需求以達到這個目的。

　　相反，我從來不會為了利益而低頭，去做一些我不情願的事情。這是從自身角度出發的思考。當然為家庭或友人付出有商榷的餘地。雖然關心他人、付出和取悅他人是良好關係的重要元素，但在某些情況下，一而再再而三過度地犧牲自己的需求可能會導致不平衡和個人壓力。

　　就商業社會而言，它是極度現實的。它仍然是一個充滿欺詐和變幻莫測的生存場所。有時候我們不得不違背自己的意願去做一些事情。雖然在過去的歲月中，我的事業相對同儕發展緩慢，然而我從未因為為了利益而低頭而懊悔、沒有「為五斗米而折腰」感到一身輕。

　　我們身處在一個競爭激烈的世界，不論是線上或線下，我們經常不自覺地被社會壓力和期望所困擾。在這樣的環境下，我們可能會不自覺地追求他人的認可和喜愛。身邊總有數位友人都在追求成功和認可。

　　然而，當我們反思這種行為時，我們必須問自己：我做這些事情是為了取悅他人，還是為了自己的滿足和成長？是不是我也被外界的期待和評價所影響，迷失了自我的本真？在過去的日子裡，我是否祗為了在別人眼中獲得一點點稱讚和認可而犧牲了自己的需求和價值觀？

　　德國古典哲學家伊曼努爾・康德 (Immanuel Kant) 於著作《Groundwork of the Metaphysics of Morals 道德形而上學基

礎》(1785) 提出「以人為目的，而不是以人為工具」，意指一個人應該為「目的」而存在，而非作為「工具」的存在。最令人可笑又可悲的是，一個社會穩定的運行不需要我們人類多麼的才華洋溢或天資聰穎，而祇需要大量工具人來滿足。

在工作中，我們必須遵從上級的指示，因為大部分企業明確地將員工視為達成目標的手段。難道這意味著康德主張每個人都應該竭力在社會中追求自己的目的？事實並非如此。他清楚地了解，在現實生活中，人們無法擺脫被視為手段的身份。當我們將他人視為工具利用時，應予以尊重，而不僅僅把他們當作工具。換句話說，我們應該根據自己的原則和價值觀來判斷和選擇行動，而不祇是為了取悅他人。

倘若我們做某些事情僅僅是為了取悅他人，那麼這種行為可能涉及將他人視為工具，將他們的喜好和需求作為我們自己取悅他們的手段。

我有一位好友經常向我分享他在公司中所承受的工作壓力和困擾。他告訴我，他經常被迫做出與自己價值觀相抵觸的決定，祇是為了迎合上司或客戶的期望，而不是出於真誠的內心。他感到內心的不安和虛偽，深知自己正在犧牲自己真實的想法和原則。他回想起那些不情願的妥協和迎合，卻從未真正從中獲得任何滿足，反而感到疲憊和虛偽。

為了完全取悅他人而放棄自我，這是一種自我背叛。

最終，我的好友決定辭去原來的職位，轉到另一家公司。經歷了前一份工作的「教訓」後，他改變了自己的思維和行為方式，開始尊重自己的需求和意願，並坦率地表達自己的觀點。他意識到，重要的是做好自己，照顧好自己。

一段真正的關係是建立在尊重和接納的基礎上，而不是為了取悅他人而不斷妥協，以獲得他們的喜愛或接受。

祇有在你能先以自己為優先的前提下，才能有效照顧你生命中最重要的人。

面對社會和別人的期望，我們可能會感到壓力和困惑。我們必須意識到，每個人都有自己獨特的價值觀和生活目標。我們不能僅僅為了取悅他人而背棄自己的原則和理念。

　　如果你是一個永遠在取悅別人的那個人，隨著時間的推移，你逐漸被別人視為一個隨和、樂於助人的人。你的付出也漸漸被視為理所當然。當越來越多的人對你有這樣的評價時，你開始意識到自己總是不自覺地迎合他人。然而，你卻無法停止自己不斷遷就和討好他人的行為。

　　相反，我們應該堅持自己的立場，設下一條底線，尋找一種平衡，既能夠關心和尊重他人，又能夠保護自己的自主性和自由。

　　在這個過程中，我們需要學會說一個字：「不」。

　　這個祗有三劃的字，要親口說出確實並不容易，尤其當我們擔心會讓他人失望或不滿意。但是，學會設定界限和保護自己的需要是至關重要的。這個「不」字並不表示完全推翻或否定，這可以是一種折衷的方案。拒絕別人這並不意味著我們變得自私，而是要確保我們所做的行為是真實且有意義的。

　　當我們能夠保持自己的立場和見解，才能真正地為他人帶來價值和幫助。祗有當自己能夠真實地表達自己，才能建立真誠的連結和關係。

　　回到本文章開首的故事，我與那位天蠍座女士的對話，似乎相談甚歡。離開前，她像是恍然大悟。

　　「其實諗深一層，永遠去做取悅別人的那個人也挺辛苦，那是無止境的付出。有時候我都想放多些時間在自己身上。」

　　我們必然要坦誠面對自己的感受。那赤裸裸的自己一直都是最殘酷但燦爛奪目的。

　　若你選擇繼續取悅他人，當然可以。同時也要記得照顧自己的需求和情感。找到平衡是關鍵，這樣你可以在滿足他人的同時，確保自己的身心健康。給自己留出時間和空間，做一些讓自己快樂的事情，並尋求支持和理解的時候，不要害怕和他人溝通你的困擾。

　　在這個不斷變化和多元的世界中，我們每個人都面臨著不同的期望。當我們以自身的立場和見解為指引，並尊重他人的觀點和價值時，我們能夠建立一個互相尊重和支持的關係。

　　不斷地調整自己的行為和滿足別人的期望，同時更失去自己的身份和快樂感。這是你心底的選擇嗎？

「與其說取悅他人很難，倒不如說做自己更難。」

若你逐漸放棄自己，所謂「犧牲自己」，受傷的一席位定必由你補上。那傷痛都是你自己所承受的，與人無尤。

「有過傷 有期待 累積幾次挫敗
勇氣還在 等待風吹來」

楊丞琳〈青春住了誰〉(2017)

為顧全大局，
你是否一直迎合他人的期望？

歌曲：Cat Burns〈people pleaser〉(2022)

　　多年前，我曾經在網上平台發文。其中一篇衹有一句簡而精的句子：「用你的笑聲改變世界，別讓世界改變你的笑聲。」

　　這句話引起了不少朋友的共鳴，他們覺得它的描述十分精警。這句說話提醒著我們，當我們不斷迎合他人的期望時，我們是否還能保持真實的自我？在追求顧全大局的同時，我們是否犧牲了自己的忠於內心的聲音？

　　從中學開始，當大家身邊都有一班朋友大伙兒玩樂，與我較熟絡的並不多。就如前章節所提到，曾經有一段時間，我被好友排擠，被孤立。那時的我難以想像自己能夠活到今天，還能夠出版書籍記錄這一點一滴。

　　還記得那時的校園生活當中，我看到身邊的同學們都有自己的團體，他們總是一起玩樂、分享著歡笑和秘密。他們之間的羈絆和互相支持，讓我感到嫉妒和孤單。我試圖融入他們的圈子，迎合他們的期望，卻總是感到格格不入，不時彷彿自己是一個局外人。

　　撰寫本文章的同時，我也在撰寫另一篇學術研究文章。在查找相關資料的過程中，我再次讀到了艾瑞・克森 (Erik Erikson) 所提出的「心理社會發展論」(Psychosocial Development Theory) (1958, 1963)。他的理論指出一個人要經歷八個階段的心理社會演變，當中以十三至十九歲青春期對人的自我認同影響最深，而「自我認同危機」(Identity crisis) 是發展的一個自然階段。

　　根據他的理論，身分認同危機是在青少年階段出現的心理發展階段，人們在這個階段會開始探索和建立自己的身分和價值觀。這個過程

中，他們可能會遇到矛盾、困惑和不確定性，對於自己是誰、想要成為什麼樣的人產生質疑和探索。

那時的我確實曾面對著身分認同危機的挑戰。我感到自己與他人之間存在著差異，無法完全融入他們的圈子。這帶給我困惑和不安，我開始質疑自己的價值和存在意義。

我試圖找到自己的身分，但卻感到迷茫和無力；我曾一度試圖將自己融入他們的圈子，但卻感到困惑和失去自我。

然而，這段經歷也讓我有機會進一步探索和了解自己。在與自己相處的時間中，我選擇停下來，開始思考自己真正的價值觀和內心的渴望。

當你停下來，你會開始意識到迎合他人的期望並不會帶給我們真正的滿足感和幸福。這種自我反思和探索的過程可能會面臨挑戰和困難，但它也提供了一個機會，讓我們更深入地了解自己。

無可否認，最終決定不再衹是盲目地迎合他人的期望的這個過程並不容易，但它讓一個人逐漸找到了屬於自己的身分。

一九六三年，耶魯大學心理學家史坦利 · 米爾格倫 (Stanley Milgram) 進行一項實驗 ——「米爾格倫實驗」(Milgram Experiment)。是次目的是為了研究人們對權威和服從的心理現象。

此次實驗中的被試者被要求扮演「教師」的角色，對一位「學生」進行記憶測試。每當學生答錯問題，教師被告知需要給予一個電擊作為懲罰，並且每次錯誤都要增加電擊的強度。被試者衹是被告知他們參與的是一個關於學習和記憶的實驗。當「老師」拒絕繼續進行實驗時，實驗人員便會施加壓力，要求他們繼續。

事實上，這是一場偽裝的測試。其核心是試圖了解受試者對權威的服從程度，即使這些命令與他們的個人道德或價值觀互相衝突。儘管學生實際上並沒有受到真正的電擊，「教師」並不知道這一點。

試猜測最後有多少人會把電壓推到「致命」的四百五十伏特？根據實驗結果，大約有百分之六十五的「教師」在實驗中將電壓推到最高，即便他們對此感到不安或猶豫。

透過是次實驗，我們可以得知被試者在面對權威人物的指示時，大多數人選擇服從，儘管這些指示與他們個人的價值觀或道德觀相衝突。這種服從行為的背後，常常有一種為了「迎合他人的期望」或是「顧全大局」的心理壓力。

這種心理壓力來自於個體對於群體規範和期望的感知，以及對於維持團體和諧的需求。當一個人感到迎合他人的期望能夠促進社會關係，他們可能會傾向於迎合他人的期望，即使這可能與他們個人的意願或價值觀不符。

在生活中，我們經常會面臨類似的情況，需要在迎合他人期望和堅持自身價值觀之間做出選擇。例如，你曾經感到父母要求你做你願意的事，同時他們並不重視你的意見和感受，但出於滿足他們的期望，你仍然選擇繼續做下去。又或是在工作時，你的上司提出了不適當的主意，但為了面子問題，你可能會不提出意見並選擇順從他的意願。

在上述的情況下，我們可能會知道自己正在做的事情是錯誤的，但我們還是會去做，因為我們害怕權威，或者我們不希望破壞相互之間所建立的和諧。

絕大多數情況下，這種和諧是虛構的。它一個假象。

我們經常會把注意力放在他人的想法和感受上，並努力滿足他們的需求。令人遺憾的是，我們會忽略了自己的需求和關注。

其實，過分的討好別人衹會傷害自己。

討好型人格 (People pleasing) 亦被稱為社會依賴型 (Sociotropy)。根據文獻資料，討好型人格往往以犧牲自己的需求或價值為代價。儘管熱情、友善和樂於助人是正面的特質。擁有此人格者通常非常具有共情能力或同理心，對他人的需求敏感。因此，他們傾向於追求親密、充滿愛意和信任的關係。這些人強烈渴望別人的肯定，並避免或對可能引起衝突的情況特別敏感。

加拿大心理學林恩·奧爾登 (Lynn Alden) 教授與另外兩位學者於其研究發現討好型人格者在衝突和人際互動中往往傾向於壓抑自己的需求。這種自我調節行為可能會導致情緒困擾的增加，並增加社交焦慮的風險。討好型人格者經常過度關注他人的反應和評價，並將自己的價值

感與他人的接受程度聯繫在一起。此研究結果強調迎合他人期望可能對個人心理健康產生負面的影響。

當我們不斷地「迎合他人」卻忽略了自己的需求和價值時，我們往往會感到沮喪、焦慮、壓力和情緒耗竭。我們可能忽略了自己的內心聲音，迷失了真實的自我。

我愛看書，而當中佔最大比例的書籍是心理書籍。其中我想推薦一本由美國臨床心理學家哈利雅特·布萊克 (Harriet Braiker) 所撰寫的著作，名為《The Disease To Please: Curing the People-Pleasing Syndrome 取悅症：不懂拒絕的老好人》(2000)。書中仔細描述了討好型人格的特徵和模式，並解釋了這種行為模式如何影響個人的心理健康和生活品質。

到了事情的最後，你可能會發現原來想討好人的那個人，並不是心甘情願下去討別人。他們的腦海誤以為通過討好他人可以獲得肯定和接受。這種誤解可能源於他們對自己價值和自信的不足，或是對他人反應的過度關注，又或用來填補內心深處所缺的關心和愛護。

討好別人的行為，可以任何時間「有意識」或「無意識」下發生於我們的生活各個方面，包括與家人、朋友、戀人和同事的互動。

在家庭中（特別在傳統家庭中），我們可能傾向於迎合家人的期望和需求，以維持和諧的關係。這包括嘗試滿足父母對我們的期待，或是保護兄弟姐妹之間所建立的情感。過度討好他人可能使我們忽略了自己的需求和快樂，有時候更要忍一口氣，控制自己的情緒。這亦是我在本書開首所提及的「退一步海闊天空」。

在朋友見面或社交場合中，我們希望維持友好和融洽的關係，因此會不自覺地迎合他人的意見和喜好。這可能是出於避免衝突、獲得認同或擔心被拒絕。我們在群體中失去了自己的個性，獨特性和真實性，亦可能私下覺得不被理解。

在工作中，討好他人的行為也隨處可見。我們當然希望獲得上司和同事的認可和讚賞，因此更願意超出自己的負荷或過度迎合他人的需求。這種行為最終或會導致工作壓力增加，身心俱疲。

　　在情侶關係中，迎合他人的行為也很常見（特別是最開首的熱戀期）。我們可能會滿足伴侶的需求，犧牲自己的時間和喜好，希望對方被愛感更強。當我們過度忍讓，忽略了自身的需求和幸福，相互關係並不平衡，形成一段不健康的關係。

　　正如朗朗上口的歌曲〈戀愛大過天〉(2001) 中描述的情境確實反映了一種常見的現象。沉淪在愛海的人或許曾拚命積極利用「犧牲小我」的精神去成全並滿足情人的要求。當刻我們單方面選擇犧牲自己的需求，以滿足伴侶的要求，並期望這樣做可以獲得愛情的回報。

　　過度犧牲自己並不一定會帶來幸福和滿足。當我們忽略了自己的需求和價值，過度迎合他人時，我們可能最終感到失望和沮喪。這種行為模式可能導致關係的不平衡和不健康，並可能讓我們失去自己。

　　現在，讓自己靜心回想一下。在追求他人的喜愛和接納時，你有否迷失了屬於自己的聲音？

　　重新點亮內心的明燈，綻放自己的獨特光芒。因為衹有當你真正迎合自己，才能燃起自身的烈焰。

「我不再 把人生活得 那麼累
也不再 討好每個人 每張嘴
全世界 不理解 其實也 無所謂」

八三夭〈我不需要每一個人都愛我〉(2021)

四・【迷幻】的生命：

自我實現與個人價值

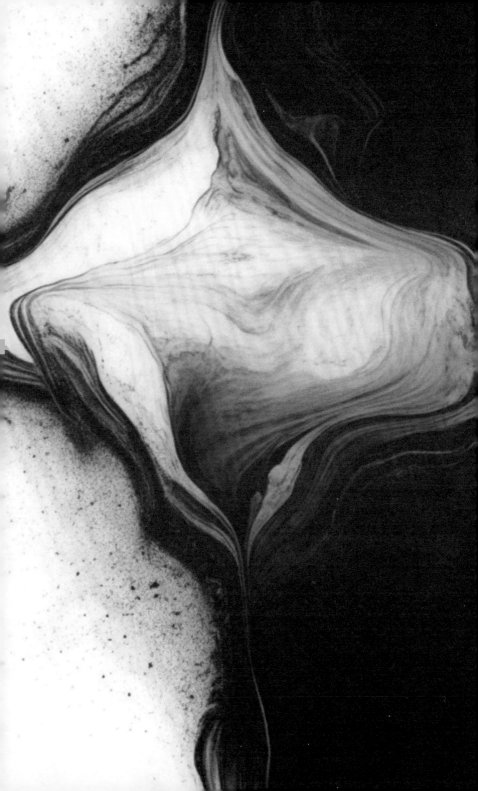

人比人會死人？

歌曲：Taylor Swift〈Anti-Hero〉(2022)

從小到大，你可有聽過身邊人跟你說：「你睇下人地幾勁呀？學下人地啦」、「人地都做到，點解你做唔到呀？」、「佢嫁俾咗富二代，人地就唔洗好似你咁辛苦命」等。這是我們人生當中必定的情節。

在日常生活中，每個人都不時與別人互相吹捧，實情便是相互比較。這些情節不時在家庭親戚聚會、工作場合、友人慶祝派對等情況出現。當然我們不應該一概而論，但我們各自了解到如何界定屬真屬假。

我們需要承認，我們不時與別人互相比較。這些比較都會是有意或無意之間發生。在一些情況下，你明瞭這事情的出現；但真實的情況下，我們可能沒有意識到自己正在進行比較。刻意與無意，內比與外比，這種比較的差異不相伯仲。

我們一出生都這世界上，像是一個新格鬥遊戲，選擇由競爭模式開始。是的，世界從來都是不公平的。在上幼稚園前與同年嬰兒爭面試機會、在中小學讀書時與同學於公開試爭成績入讀心儀學校或相關學系、在職場上跟同事明爭暗踩爭升職機會、在聚會中與朋輩互相吹捧別人的厲害之處。用一個誇張手法表達，我們是活生生地飾演宮廷劇內的某角色。

有時，我不禁回想起劇集《宮心計》(2009) 由楊茜堯（原名為楊怡）所飾演姚金鈴麗妃的一段對白：

「後宮向來是一個爾虞我詐，波詭雲譎的地方，要生存就要懂得見風使舵，審時度勢，把握時機，才可以扶搖直上。」

試想想，這由何嘗不是社會制度下的運作？

　　這種比較的行為往往源於我們對自己價值和成就的不確定感，以及對他人成功的羨慕和嫉妒。我們要問自己，我們擁有足夠的自信心嗎？這比較是基於過份的自我保護嗎？這種爭奪遊戲是為了達到甚麼目的？而你這設下這些目的是爭名奪利、提升自我、貪得無厭、為做而做、或是為勢所迫？

　　我們能夠確認一點的是，這些答案一直在你腦海中。祇是你是否能夠躺開心扉，面對這真實的自己。

　　現今社交媒體的盛行下，比較的現象更為普遍。我們經常看到他人的精心策劃的生活瞬間和成功故事。這固然是社交流量密碼，會較引起別人注視，從而達到行銷手段。眾所週知，這種資訊媒體時代下的產物拉近了人與人之間的關係，卻加深了互相攀比、互相吹捧的風氣。

　　美國社會心理學家利昂·費斯廷格 (Leon Festinger) 所提出的社會比較理論 (Social Comparison Theory) (1954) 正好解釋以上現象。此理論指出一個人在缺乏客觀的情況下與另一人作比較，從而對評論自己的價值。這種比較可分為兩方面：向上比較 (upward comparison) 與向下比較 (downward comparison)。顧名思義，向上比較即與較優秀的人比較，而向下比較即自己較差劣的人作對手。

　　無論是向上或向下比較，所謂比較的積極想法似是激像法；正面比較像是良性競爭。我們將他人的成功視為一種激勵，並努力超越自己的極限。這種競爭在各個領域中存在，常見與體育運動相關情況。適當程度的比較無疑有助於推動個人的進步。

　　我們需要明白並非每個人都願意全身投入這種競爭的風潮，或完全了解何謂適度的比較。幸運的一群當然「無傷」大體。了解自己的定位可助身心發展、自我提強 (self-enhancement)；相反地，這祇會令我們因為別人的成功而感到自卑、挫敗，跌入一個萬丈深淵，無法自拔。

　　壓力是比較下演化而出的產物。當我們遇上被自己更厲害的人，我們的大腦會作出相對反應，便是分泌「可體松」(cortisol)，一種腎上腺分泌的荷爾蒙，又稱壓力荷爾蒙。適當的分泌能夠告知身體對抗外來威脅，讓我們處於警醒狀態。若自身對於比較的心態長期過度緊張，過

多的分泌會對身體造成負擔，例如壓抑免疫系統、血糖過高、脂肪囤積等問題。

我認識一位朋友的經歷再次凸顯了比較的陷阱。容許我在此說這個故事：

我的朋友是某所大型公司的高級職員。他在這家公司工作已服務超過二十年。一直以來，他都是一個敬業樂業且有野心的人。然而，他與一位同事之間的競爭開始逐漸升級。他們都希望在公司中取得更高的地位和權力，這樣的權鬥比較逐漸成為他們之間不可分割的關係。

以年計的過程中，他忽略了自己的成就和價值。他祇關注的競爭、不斷地工作，為的就是超越他人並不斷追求更高的指標。

若然你有看由佘詩曼主演的劇集《新聞女王》(2023)，我的友人像是由馬國明飾演的梁景仁一樣與另一同事在公司權鬥。結局與劇情大致相若，我的友人競賽多年後「勝出」了。他在公司中取得了一個極為重要的職位時。

友人對我說，在得到這所謂的榮耀後，他「並沒有感到興奮和滿足」，反而感到失去了方向和意義。那是因為他的行動是建立在比較和追求外在認可的基礎上。他多年來一直將自己的價值和成就與他人進行比較，並將自己的快樂和滿足依賴於外界的讚賞和肯定。可是，這種依賴是脆弱的，無法帶來真正的內心滿足。

沉迷比較當中的時刻是多麼的令人無法自拔，跳出來的一刻是多麼的令人解脫。這位朋友足足用了二十多年時間才活過來。

他嘆了一口氣：「沉淪於互相比較當中，原來一切祇是浮雲。自身的感覺才是最真實。」

要找回方向和意義，我需要摒棄不要得的思緒、轉變自己的價值觀和心態，同時要學會將注意力從外在的比較轉向內在的成長和自我實現。錯誤地選擇與錯的人比較，就是墜進一個惡性循環，把自己的一切抽空，活在一個沒有靈魂的軀體。和別人比較，永遠沒有比較完成的一天。我們需要做的是把專注力在自己身上，學會接納這個自己，將嫉妒化成動力。

愛比克泰德（Epictetus）是古希臘斯多葛主義哲學的代表人物。他曾於著作《The Discourses of Epictetus 愛比克泰德論說集》(1865) 寫道：

"When someone is properly grounded in life, they shouldn't have to look outside themselves for approval."

這種穩固的基礎可以是內在的價值觀、自信心和自我認同，而不是依賴外在的比較或他人的讚賞。這句話強調了個人的內在力量和自主性。當我們擁有穩固的基礎，我們能夠建立自己的價值觀和目標，並不受外界的評價和期望左右。

我們不需要尋求他人的批准或認可來確認自己的價值，而是從內心深處找到自己的自我價值和自信心。

或許你作為在華人社會中成長的人能夠理解這種比較心態是無處不在且普遍存在的。這種心態可以歸因於社會結構、家庭教育觀念以及個人的生存模式。這種普遍的比較心理現象會悄悄地成為我們了解自己的一種方式。

請提醒自己，當我們因為比較而嫉妒他人時，你選擇比較是為了追求進步和動力。將自己與他人比較祇會陷入無休止的競爭中，最終總是不確定的。相反地，我們應該專注於自己的方向，接納自己的獨特之處，並將嫉妒轉化為積極的動力。

每個人都有不同的時區。每個人的人生旅程都是獨一無二的。

當然，「天生我材必有用」是老生常談的一句話語。我們要了解的是錯誤的比較祇會導致自我價值的貶低。以自己的步伐前進，尋求自我成長和進步的滿足感，才能活出屬於你自己的一生。

人生並非一場競賽，我們並不需要以別人為對象來證明自己。相反，人生更像是一場馬拉松賽跑，你是唯一的參賽者。

如果你的大腦懂得發出與他人比較的信息，那麼你也可以有意識地去制止它。

適當的人比人，或會令人有所進步；過份的人比人，死人與否祇是一念之差。學會尊重自己的獨特性，找到真正屬於自己的意義。

"I know the voice inside your head
saying you're never good enough
The times you stay in bed
because it's hard to get up
The friends who disappear
when things just get a bit too rough
Time to make it stop"

LOVA〈Lonely Ones〉(2021)

一旦放棄就充滿內疚感？

歌曲：Linkin Park〈Given Up〉(2007)

失敗並不可怕，可怕的是你還未懂得一件事：何時應該選擇放棄。

放棄一直被視為懦弱的行為。實情大錯特錯！經過心思熟慮後的決定可以是充實智慧和成熟的表現。眾所週知，每一位於社會上被稱為「成功」的人並不是從不失敗或從不放棄，而是他們知道何時該堅持，何時該放棄。他們明白放棄一個無望的目標並不等於放棄對自己的期望和追求，而是為了尋找更好的機會和更有價值的目標。

我們可曾想到原來「放棄」也可以是一個積極正向的「選擇」。

美國專門心理學的部落客佩格·史翠普 (Peg Streep) 與心理治療師艾倫·柏恩斯坦 (Alan Bernstein) 共同撰寫的著作《Mastering the Art of Quitting: Why It Matters in Life, Love, and Work 放棄的力量》 (2013) 指出放棄是對無止境的欲望更為積極的抵抗，人毋須一直無望的追求目標。書中更是闡述人們不大會選擇放棄的原因有三：對堅持的刻板印象、經常以身邊發生的事情作參考，以至於間斷強化的感覺（即當你以為快要失去的時候，所想的又無故再次出現）。

從小開始，特別在華人社會，對人生的教育或哲理大多數是對失敗者的「正面」教悔，例如「有志者事竟成」、「堅持是成功的關鍵」等家傳互曉的名句。這些句子體現了對堅持和努力的重視，卻往往忽略了放棄的價值和重要性。

確實，我們受到的教育時刻常被灌輸著「不要放棄」的信念，被告誡著祇有「持之以恆、努力不懈」才能達到成功的一步。這種日復日，年復年，潛移默化形式的洗腦令我們對「放棄」一詞產生負面感覺。它偏向是軟弱的象徵，帶有令人感到一絲絲的內疚感。

加拿大心理學家威爾·米克（Will Meek）則強調重視與「不斷追求」相反的價值觀同樣重要。換句話說，我們也需要懂得結束那些不起作用或我們不再熱衷的事情，並且自我尋找生活中下一個行動的方向。

試問一下自己，人生當中曾否放棄一些人與事？當初選擇放棄的理據是如何？當刻決定放棄的情感與思緒又是怎樣？我們應否重新評估「放棄」的含義？

當我們理性地分析時，可以發現人的一生就是一個不斷放棄的過程。有些放棄可能是不明顯、不經意、甚至不自覺的。隨著我們經歷、學習和成長，我們的價值觀和對人生的優先事項也會發生變化。這可能導致我們放棄過去的目標、關係或生活方式，以適應新的情況並追求更有意義的事物。

舉例來說，當我們意識到某種習慣對健康和生活品質有負面影響，或是身體無法接受某種食物時，我們會學習放棄這些習慣，以獲得更好的生活狀態。

當然這祇是一個冰山一角的例子。我們在一些情況「有意識下」學習放棄可能是一個更明智的選擇。我們可能會發現原先訂下的目標或正在通往目標的道路經已無法提供更多的成長和發展機會。在持續面對困難與挫折卻無法看到解決辦法的可能性下，放棄並尋找新的機會和挑戰可能較為明智。這可以是個人生涯中的轉折點，讓我們追求更具挑戰性和有潛力的領域。因為所謂的堅持祇會令我們更疲憊，更無助，甚至可能影響身心健康。

事實上，放棄一些我們曾經嘗試卻失敗的經驗，也許反而是一種成功。我們需要了解自己，明白什麼才是對自己最好的。有時候，放棄也不需要後悔，及時止損，讓自己問心無愧。

我有多項興趣，其中一個便是熱愛學習新語言。當我回顧過去的經歷，有一個讓我放棄的例子是我曾經努力學習日本兩年，甚至在大學時選修相關的學科，但最終發現自己並不能真正掌握這門語言和相關的學科知識。

起初，我對日本文化和語言的興趣促使我決定學習日語。我投入了大量的時間和精力，學習語法、詞彙和聽力等方面。對我來說，日語的語法結構和漢字的記憶是一個巨大的挑戰（我知道有大部分持相反意

見！）。儘管我不斷地繼續努力，但我的進步非常緩慢，感覺無法達到我對自己的期望。這種持續的困難和挫折感開始影響到我的學習動力和自信心。這段經歷讓我深刻體會到放棄的必要性和重要性。

有一天，我在網上平台偶然聽到一首由意大利歌手 Baby K 與 Giusy Ferreri 合唱的歌曲〈Roma – Bangkok〉(2015)，它朗朗上口的歌詞和旋律立刻吸引著我，再加上我多年來熱愛意大利的佳餚和烹飪，從那時起，我毅然開始學習意大利文。

其後，我發現自己很快就掌握了它的基本語法和詞彙。我亦漸漸多了解意大利人的飲食、文化、生活、並觀看其國家所拍攝的電影。2018年，我到意大利旅遊時積極與當地人用意大利文交談。他們看到一位亞洲面孔能夠說當地語言感到驚訝，這讓我感到非常自豪和滿足。我和當地人能夠用他們的母語作日常交流，這讓我感受到了真正的文化融合和連結。

去年，我無意中在 Netflix 上觀看了一部名為《Young Royals 王儲的抉擇》(2021) 的瑞典劇集。最滑稽的是我看畢整齣劇所發現這是來自瑞典的劇集！為了更深入了解其語言，好讓我分析及撰寫其相關的論文，因此我決定學習瑞典語。（香港學習瑞典語的人相對較少，連我的同學聽到我因此劇集而學習這門語言的原因都感到驚訝，哈哈！）在這個過程中，我意識到我對瑞典的認識非常有限，除了知道宜家傢俬（IKEA），Spotify 及 H&M 是瑞典品牌外，我對這個國家了解相對較少。

學習瑞典語是一個全新的挑戰。自今學習瑞典語經已一年多，路途仍很漫長，但我已經開始看到了一些進步。我能夠理解簡單的對話，並且能夠用瑞典語表達一些基本的想法和意見。

以上這些過程讓我意識到，有時候放棄一個過去嘗試過但一直未能成功的事物並不是一件壞事。當我把注意力轉向我確切真正熱愛的事物時，我發現自己更有動力和自信心去學習。放棄日語並尋找到我對歐洲語言的熱愛，讓我感受到學習的樂趣和成就感，同時也幫助我重拾了對自己的信心。

這段經歷教會了我一個重要的教訓 ─ 放棄不一定代表失敗，而是為了尋找更符合自己興趣和能力的道路。我現在更了解自己的喜好和能

力，並且明白適應和調整的重要性。這讓我更有動力去面對新挑戰，並相信自己可以在我探索熱愛的領域中更加認識自己。

適時選擇放棄也是一種明智的選擇，它並不意味著失敗或懦弱，而是對自己的一種了解和尊重。當我們能夠正確地評估情況並做出放棄的決定時，我們能夠避免後悔和內疚，並為自己創造更多的成功機會。

細心一想，放棄不意味著我們對自身能力和價值感到懷疑。相反地，它反映了我們對自己的正確評估和自我保護的能力。當我們能夠正確地判斷一個目標是否值得追求，並在需要時果斷地放棄時，我們能夠為自己節省時間和精力，將它們投入到更有意義的事物上。

正如我學習語言一樣，選擇放棄並不是說我不再追求另一目標，而是選擇放棄那些無法實現的目標，轉而專注於那些更能夠實現的目標。這種情況放棄，應視為一種智慧，是對自己的尊重和愛護。

若然說失敗是成功之母，我會說放棄是成功之父。

在人生的道路上，我們必須放棄一些人與事物，才能為自己創造更多機會和成就。放棄不代表失敗，而是一種明智的選擇讓我們能夠專注於我們真正熱愛和擅長的領域。

一些成功的人士也曾經經歷過放棄的過程。舉例來說，美國前微軟公司的董事長及首席軟體架構師比爾·蓋茨 (Bill Gates) 於大學三年級那年放棄繼續修讀哈佛大學，將全部精力投入到了自己與友人所創立的微軟公司；全球著名的英國地獄廚神戈登·拉姆齊 (Gordon Ramsay) 本來是一名專業職業足球員。因膝蓋軟骨長期磨損及十字韌帶斷裂，他祇好放棄自己一直夢寐以求的夢想，轉到職業學院修讀廚藝。多年後他成為世界首屈一指的廚師之一。

最重要是他們都清楚了解到知道甚麼時候選擇放棄是對自己最好的選擇。這種放棄不祇是單純地「選擇」放棄，而是明瞭「何解」放棄。

放棄是需要學習的；學懂放棄是放下情緒、放開枷鎖、放開繃緊的自己。

堅決地選擇放棄後，我們不必感到內疚。相反，我們應該以一顆開放的心對待自己，學習正確地評估目標和價值觀，果斷地放棄。祇有這樣，我們才能夠實現真正的成功，並且問心無愧地向前邁進。

　　我們應該學習接受放棄，並從中學習和成長。我們的一生就是一場學習的旅程，無論結果如何，我們都應該更加了解自己的決定。換句話說，我們需要明瞭如何放手和放下 (give up and let it go)。

　　放棄過去的錯誤和挫折，就像是讓它們成為 water under the bridge。既然以事已矣，倒不如向前看吧！

「這世界總是勸我不要放棄

我卻忘了更愛自己

學會忠於自己　光芒不會散去」

黃若熙〈這世界總是勸我不要放棄〉(2021)

你可會預計自己的壽命？

歌曲： Trey Pendley〈When Tomorrow Starts Without Me〉(2022)

　　每當我提出這個話題，長輩們都會避而不談；而同輩們則認為我是瘋子。

　　一直以來，「長壽」一詞於大部分人來說是褒義。長輩生日大排筵席，祝福的話語定必包括「長命百歲」。它被視為一個值得祝福和尊重的事情。事實上，這種祝福往往是一種象徵性的表達，並不代表人們能夠真正預測或掌握壽命的長短。

　　可是，我倒認為長壽祇會對社會帶來更多不利因素。最直接的就是人口老化的問題日益嚴重。社會結構的轉變，出生率下降，導致人口比例問題有所不同。二零二零年，香港政府統計處所發表的《香港人口推算 2020－2069》，人口漸趨高齡化，屆時人均壽命均約 86.45 歲（男）及 91.85 歲（女）。

　　當然，我撰寫這篇文章的主旨並非評論長壽的優劣，或批評那些為了自身利益而追求更長壽的人。擁有健康的身體當然是非常重要的。

　　我們能夠理解過去的年代並不會有這種擔憂，因為那時醫療科技仍在發展初期，對於治療或預防疾病的知識相對較少。隨著科技的進步和人類生活環境的改變，疾病的治療方法也相應增加，人類的壽命也相對提高了。

　　然而，我們面臨著一個迫在眉睫的挑戰：長壽帶來的種種問題。比如，長壽對社會的經濟負擔和醫療資源的需求增加。這些都是我們需要正視和解決的問題。

從高中開始，我的腦海浮現出一個想法。每當分享給身邊的人時，他們不約而同地告訴我切勿胡思亂想。我倒是希望自己擁有七十五年的美好時光。它劃分為三個階段，每二十五年為一階段。

第一階段是成長和學習：這是我從無知走向成熟的時段。在這個時期，我不斷尋求知識、學習不同技能，並為將來的挑戰做好準備。我希望在這個時期中，能夠探索世界，體驗各種文化，並建立基礎。這也是為何我的同事們都覺得我比同輩的較為成熟。一個年輕的樣子卻擁有一個中年人的成熟頭腦，有點反差！

第二階段是實踐和創造：我將所學應用於實際生活中，並開展事業或追求自己的目標。無論失敗無數次，我仍繼續向前行。追求個人成就的同時，我繼續教育下一代，為社會作出微小的貢獻。

第三階段是享受和反思：我希望我能夠比社會所設下的年齡較早退休。作為一名工作狂，我必須完全放下工作才能放鬆身心。同時，我要更多自己的時間，來反思自身人生的意義和價值。就如前章節所提及，我會時常跟自己談話。同時利用在剩餘的時間，與我珍愛的人共度美好時光，並尋找內心的寧靜和平衡。（有關死亡的方法，我亦有個人見解。篇幅所限，這是我的一個小秘密吧！）

這種劃分方式讓我更能珍惜每個階段的時光，並且對於未來有了更明確的期待和目標。你或許認為這祇是一個幻想，但到目前為止，我的每一個階段都有其獨特的價值和意義。

如何看待死亡，每個人都有自己的觀點。關於壽命的問題，確實沒有任何人能夠左右它的出現。在此，我希望分享瑞士精神病學者卡爾‧古斯塔夫‧榮格 (Carl Gustav Jung)《Memories, Dreams, Reflections 回憶、夢、思考》(1963) 中的一句：

"Death is inevitable and we should not fear it. Instead, we should embrace it and see it as part of the journey of life."

（我們不能因為害怕死亡就選擇逃避，反而要勇敢地面對它，並且以積極的態度來過好每一天。）

　　壽命的長短不僅是社會問題外，它的討論還涉及到個人自身的因素，與及其人生觀和價值觀。對於每個人來說，長壽是否帶來幸福和滿足感是一個很個人的問題。我認識有不少朋友希望能夠活到很長的年紀，享受更多的時間與家人和好友相處，同時實現更多的夢想與目標；有些平輩跟我一樣，我們更注重品質而非數量，認為人生的價值在於如何充實和充滿意義地度過有限的歲月。

　　歸根究底，不論我們是哪一類人，我們不應該逃避「死亡」一詞，而需要勇於面對，勇敢接受。祇有這樣，我們才能真正地活出自己的人生，真正地感受生命的價值。

　　對於死亡的看法和態度，每個人都是其獨特見解的。你可能對死亡感到恐懼和焦慮，這是一種自然的反應。但試想一下，這有沒有可能祇是心理學常說的「條件反射」(Classical conditioning)？從小開始被長輩或社會教育下，提及「死」或其同音詞有可能跟不幸、怪異、恐懼有所聯繫。又或者是來自於更深層的心理和文化因素、個人經歷及信仰體系都可能對於死亡的態度產生負面影響。

　　值得一提的是，西方文化中對於死亡的觀念與華人文化有所不同。在西方，有些人會更開放地探討死亡，並透過藝術、文學和哲學來面對它。例如，墨西哥的「亡靈節」(Day of the Dead) 是一個以慶祝和紀念逝者的活動。他們將死亡視為生命的一部分，並將其融入到豐富多彩的傳統慶典中。

　　著名的美國精神病理學家及死亡學研究者伊莉莎白·庫伯勒－羅 (Elisabeth Kübler-Ross) 在她的著作《On Death and Dying 論死亡與臨終》 (1969) 中描述人對待哀傷與災難過程中五個階段 (Five Stages of Grief)。人們在面對死亡時會經歷不同的情緒和心理過程，當中有可能包括否認、憤怒、談判、沮喪和接受。

　　正所謂，「人終須一死」。我們要知道，這並不是一句悲觀的話語，而是鐵一般的事實。我們不能因為害怕死亡就封閉自己的思想。祇有正視生命的有限，才能更好地認識自己，更好地把握每一天。

　　德國哲學家馬丁·海德格 (Martin Heidegger) 有自我對死亡的一套看法。他認為學習思考死亡，其實最能幫助我們去認識自己，重新賦予日常生活真實的涵義。換句話說，明瞭死亡並不意味著放棄生活，

反而可以使我們明白生命的價值，把握生命的重要，更有意識地塑造自己的生命。

「你可會預計自己的壽命？」，即是「你怎樣規劃你的人生？」這是我們每一個人都應該去思考的問題。長壽與人生之間存在著複雜的關係。我們應該正視人口老化和社會問題，同時也應該去思考個人對於死亡、生命及人生的看法。透過理解死亡的不可避免性，我們更可以深刻地體驗生命的價值，並找到屬於自己的道路，無需再被死亡所束縛。

因此，壽命與人生的相互關係並不僅是數字的累積，而是質量的提升。我們應該追求的不是長壽，而是尋找那個真實的你。這亦不在於我們活了多久，而在於我們如何生活、如何面對生活中的困難，如何接受並克服挑戰，如何為自己創造價值。

常言道，「人生如戲，全憑演技」。那就積極地去演繹自己的人生吧！不留一點遺憾，不留一絲後悔。

「你可會預計自己的壽命？」

「儘管我定下了七十五年的時間範圍，每一個階段我都是活出真我，活出深度，活得豐盛。就算祇是能夠睡一覺到天光也感到幸福！」

我不時跟別人說：「活得一日就應該活得無悔，因為今日唔知聽日事。」

從壽命、死亡著手了解真正的自己，或許這就是人生與死亡箇中的奧妙吧！

「多精彩 盛宴終須
解散離席 不要淚垂
愁懷隨日月被拭去」

RubberBand〈你會有一天學會面對〉(2018)

你找到那個真實的你嗎？

歌曲：鄭秀文〈我們都是這樣長大的〉(2019)

　　社會就像一個無形的模具。從小開始，我們默默地被塑造著別人眼中的自己。從小學校的教育制度，到大眾媒體的資訊傳播、從家庭的教養方式，到社會的文化風俗，這些都在不知不覺中深深地影響著我們的思想，逐漸成了我們的所擁有的價值觀。

　　自小最令我困惑的便是社會對性別角色的建構。社會普遍對於男性和女性應有的行為和期望。性別的定型是指在特定社會和文化背景下，對於其性別所期望的行為與特質。這一觀點涉及到性別社會化的議題，它對於自身尋找真實自我的過程與自我的實現產生了重要的影響。

　　或許你會說：現今社會進步，人們的世界觀也更寬闊。我不否認大眾接受資訊是較以往普及，但這並不表示根本的問題而解決。在這個每天都是「資訊爆炸」下渡過，試問一下自己每天最終能深入了解多少資料？

　　「在不少議題上，香港社會仍然存在一些傳統觀念和價值觀的束縛。」

　　這是一個公開的秘密。

　　這麼多年來，我們均一直在探索真實自我的實現之旅。這路途面臨著高低起伏的挑戰，如行走於迷思之谷，纏繞於虛假的偏見與社會的期待之間。回憶猶如花火綻放，美麗卻短暫，蘊含著寂寞的哀愁，彷彿無法填補命黑暗中的揶揄。我們奮力邁向人潮洶湧的舞台，但步伐往往被踐踏成形同虛無的痕跡，我們迷失了自我。時間的瞬息流逝，就似是被遺棄於無盡悔恨之海。

　　作為教育工作者，我經常挑戰學生對學習的定義。大多數學生也愛上我的教學，原因是我出自真心教導他們。所謂教導，不是香港主流的

「填鴨式教育」，而是激發學生的思考和培養他們的自主學習能力。我強調每個人都應該有機會發掘自己的興趣和才能，不論職位或身份。教育不應該僅限於傳授知識，而是要培養學生的創造力、批判思維和解決問題的能力。

我相信每個人都有獨特的價值和潛力，而教育的目的就是幫助他們發現和實現自己的真正潛能。

每個人都應該被鼓勵和支持，無論他們的選擇是什麼。祇有在找到並活出真實的自己的過程中，我們才能真正實現個人的成就和幸福。

在這尋找的旅程中，或許我們會遭遇更多高低起伏的試煉，似是行舟於沛然巨浪之中。正是這些試煉塑造了我們的心智，曉月破暝，照亮前行的道路。

我們要學習接納並擁抱自身的不完美，從中獲得智慧與堅韌，如鋼鐵淬火般堅韌不拔。擁抱內心的聲音，不再受他人期待的桎梏所束縛。鳳凰能破繭而出、展翅高飛，我們亦可勇敢追求自己的夢想與熱情。

尋找真實自我的價值之旅是一場關於自我洞察與自我塑造的艱鉅征途。我們要闖蕩於知識的迷宮中，那更是一段漫長而艱辛的道路。當中或許會迷失自我，但每一步一腳印都是邁向真實自我的致要關鍵。要活出自我，就必須勇敢面對高低起伏的考驗，就如熔爐中的寶石經歷火煉。若要深入內心的迷宮，我們定必尋找屬於自己的光明，探索自身埋藏著的奧秘。

然而，勇於探索屬於自己的價值與目標並非一段輕鬆的征途。作為多年的挑戰者，我可以告訴你這是一場內心的驚險挑戰。你必須直視內心的恐懼與不安，勇敢地冒犯表面的虛偽，面對真實的自我。

在這個旅程中，我們可能陷入困境，如哲學的疑問與難題。我們思考著倫理學的挑戰，個體行為與道德規範之間的衝突。我們遭遇心理學的迷思，例如自我認同與自我評價的困惑。這些挑戰和困境，我們可以從不同理論、人生經歷的高低起跌，使我們更深入地了解自己，解讀當中意義，細味箇中感覺。（注意是「細味」，不是「沉溺」。）

社會的建構是一種力量，不應該讓它限制我們的想像力和自由。不要因為了適應社會而放棄自己，成就別人。（再者，不是每個人都合適

犧牲自己而成全他人！）我們應保持獨立思考的能力，從多角度思考問題，了解與尋找真相，提出相應的質疑，避免成為「社會工廠」下所製造的機械人。

社會確實會影響我們對自身與身邊的人與事的認知和價值觀，但我們也並非完全沒有自主性。我們可以選擇接受或拒絕社會的價值觀，選擇走屬於自己的路。

舉個例子來說，現代社會強調追求「名利雙收」是成功的引子。這並不代表每個人都應該追求相同的價值。我認識數名同事在管理層要求升職的機會下也堅決說不，因他們更關注內心的平靜和家庭關係的和諧。他們選擇放棄不是害怕高壓的工作，而袛是選擇過一種簡樸的生活。這樣的選擇未必受到社會某程度的認同或肯定，但這群人卻找到了真實的自己，活出了屬於他們自己的價值。

尋找自我的旅程不得不提及其中一位最令我印象深刻的美國心理學家卡爾·羅傑斯 (Carl Rogers)。他的其中一本重要的著作《On Becoming a Person 成為一個人》(1961) 中闡述了對人的發展和成長的觀點，並深入探討了人本主義心理學理論 (Humanistic psychology) 和心理治療方法。

羅傑斯的「以人為本」理念提醒我們，實現真實的自我需要建立一個支持性的環境。這個環境要能夠令我們接納自己與他人、尊重我的價值觀和努力、擁抱自我概念與行為的一致性，鼓勵我們發展自己的潛能。同時，我們亦需要學會獨立思考、懷抱開放的心態、以不同的角度看待事物、質疑社會對於成功和價值的定義。

當一個人能夠容納自己的經驗時，自身與內在的真實感受更加接近，便能夠將這些經驗作為參照點來檢視自己的狀態。透過這種方式，我們便能有效地進行內在的自我對話。聆聽、接納並信任自己的經驗，成為自己的過程也隨之展開。

書中的一句最能回應此章節的問題：

"A person is a fluid process, not a fixed and static entity; a flowing river of change, not a block of solid material; a continually changing constellation of potentialities, not a fixed quantity of traits."

　　成功地活出真我並不是取決於社會的認同、功成名就、或是活出別人口中的那個你，而是建立在內心的平靜和對自己的真實瞭解之上。當你自己也不知道自己是誰，那怎能夠找到真正的滿足和意義？又如何能夠與真我作真正的連接，確實的自我理解？

　　我們應該不時用心聆聽內心的聲音，找到真正觸動我們靈魂的事物，減少無謂的恐懼感、逐漸表達自己的感受。這樣的實踐才能使我們活出真我、真實自我，再以獲得真正的成就和幸福。

　　因為祇有找到並活出真正的自己，我們才能真正地成為一個獨立的個體，而不是社會的一枚棋子。

　　最後，我想分享一句話：

　　「人生要真正的無悔，前提是你必先要做到真正的自己。」

"You are the one who should be free
You are You are
You are your only enemy
You are You are"

五堅情〈月面著陸〉(2021)

【最終話】

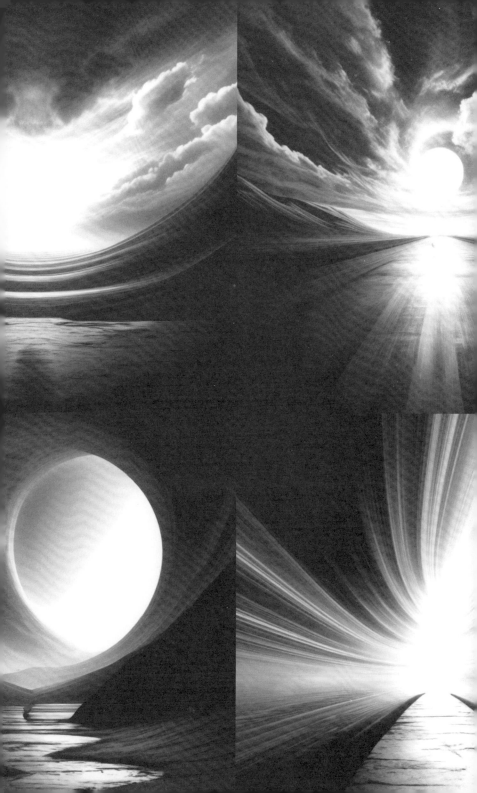

歌曲：Hailee Steinfeld〈Love Myself〉(2015)

　　撰寫這篇章節前，我決定給自己一個休息的機會，讓自己有時間沉澱一下、並回顧整個書寫的旅程。畢竟，我花了大半年時間完成書中的前十七個章節。

　　這是一段經歷了無數個晝夜的旅程，而這三星期的「休筆時刻」是我給自己放鬆和反思的寶貴時間。

　　在停止書寫的期間，我花了更多時間與家人和朋友相處，也嘗試新的活動和興趣，讓自己從書寫的世界中解放出來，為自己充電。

　　回想起那無數個夜晚，我埋頭於書桌前，把自身的經歷與曾學到的理論從腦海挖空；我想起了那些書寫的高峰和低谷，那些激勵和挑戰自我的時刻。

　　「完成一本書很困難。」

　　確實，我從未想過我能夠一字一筆地完成整本書的撰寫。這是我人生第一本書出版的書籍。誰能夠想到一位從事職專教育的人會撰寫一本關於心靈和人生的書籍呢？

　　多年來，身邊的人經常向我傾訴他們所遇到的問題，包括事業、工作和愛情。我就像一位社工，作為一個傾聽者，為他們提供一個分享的渠道。同時，我也會以第三者的身份分析事件並給予一些建議。

　　我發現他們大多數總會出一句：「我唔清楚我自己想點。」

　　但事實是，每個人內心深處總有自己的答案。歸根究柢是我們需要更多時間和反思來確定這些答案。

　　「坦誠面對自己。你知道自己想要怎麼做，就去實行吧！」

　　我們每個人都希望被他人認同自己的做法。然而，並非所有事情都有確定的答案。有些事情可以有無數種解決方案；而有些問題則祗有你自己能夠解決。

　　「要在人生中找到答案很困難。」

　　我卻認為要在人生中找到答案並不難。但要理性地實踐，每個人都必須解除某程度感性的束縛。

　　解除感性的束縛並不意味著完全排斥情感和直覺，而是將它們與理性思考結合起來，達到平衡點，以做出更明智和實踐的選擇。

　　正因為完美地演繹自己是困難的事情，我們的人生更需要坦誠面對自己。

　　我熱愛用文字來表達自己，同時也熱衷於聆聽來自不同國家、語言和類型的音樂。因此，我將二者結合起來 — 通過音樂和文字的結合 — 可以創造出更豐富的閱讀體驗，並加深讀者對書中內容的感受和理解。

　　這種「沉浸式」的方法亦是我向流行音樂學者 Andrew Goodwin 所致敬的方式。由於我私下喜愛研究音樂錄影帶 (Music video)，這種結合詞曲和影像的方式啟發了我編寫這本書的「互動性」。每個章節均仔細挑選合適的歌曲，所引用的歌詞節錄亦經過精心篩選和安排。我希望這樣的設計能夠為正在閱讀的你提供一種多元感官的體驗，同時也能夠深化對書中主題和情感的理解和感受。以確保與文字內容相輔相成。

　　這可能是香港甚至全球第一本以這種方式設計的書籍。我相信這樣的設計將使你更加投入、受到啟發，並與書中的內容建立更深層次的連結。

　　我祗在教育界默默耕耘多年，希望透過自身的小小經歷與反思來引起你對自身的討論。最重要的是，不要忘記這是你的人生。

　　請相信自己的能力，勇敢地將自身的獨特之處帶入這個世界。最終的決策和實踐是基於我們內心的聲音和價值觀。

　　「你不需要全部人喜歡你或認同你。因為無論你以為自己做得多極致、多完美，總有人對你感到不滿意。」

　　最後，我想衷心感謝我生命中出現的各位，無論是親友、愛人、摯友、同學、同事，甚至那些討厭我的人，以及那些短暫出現在我人生中的過客。正因你們的存在，不斷地支持和啟發，激勵著我在自我探索的旅途上持續前行。同時，我也要衷心感謝自己。因為一直以來都對自己的自信和肯定使我能夠堅守信念，積極地活出自我。

在回答書中提出的問題後,我們或許對人生有更深入的認識,並發現更多新的視角。這本書並非旨在追求對和錯的真相;相反,它鼓勵我們進行反思,以找到屬於自己的答案,這才是最終的目標。

再者,並非每個問題都有絕對的對與錯。若我們將思維方式限制在二元對立 (binary opposition) 的框架下,則可能會陷入僵化的思考模式。因此,我們應該採取開放心態,接受多元的觀點,並意識到人生所有事往往存在著多樣性與複雜性。

我們的人生是一個不斷學習和成長的過程。持續地反思和思考令我們更加了解自己,逐漸實現內心的平靜和滿足感。每一次的學習和成長都是一個機會。

在此,我祝願正在閱讀的你在這個旅程中獲得更多的洞察力和幸福

現在,請你內心高呼一句:

「這個就是我。我‧愛‧我!」

"I'm my own worst critic
Talk a whole lot of sh*t
But I'm a ten out of ten
Even when I forget
I wonder when I love me is enough"

Devi Lovato〈I Love Me〉(2020)

你可能已經注意到書中我使用了這種【括號】。

這實際上是一個小巧妙的設計。

我選擇這種方式來向一位對我的人生產生深遠影響的人致敬。

括號內的字與這位特殊人物有著密切的聯繫。

我特意將其身份保留。

這是一個【甜秘密】。

希望你能夠多了解自己。

希望你能夠多愛護自己。

希望你能夠多探索自己。

這本書的結束正代表著新的開始。

以這份真正的自我為引領，

保持對自身的關愛與尊重。

讓我們一同【自愛自受】吧！

參考文獻

Alden, L. E., Bieling, P., & Wallace, S. T. (1994). Perfectionism in an interpersonal context: A self-regulation analysis of dysphoria and social anxiety. Cognitive Therapy and Research, 18(3), 289-308.

Braiker, H. B. (2000). The Disease To Please: Curing the People-Pleasing Syndrome. US: McGraw-Hill.

Carnegie, D. (1936). How to Win Friends and Influence People. New York: Simon and Schuster.

Cooley, C. H. (1902). Human Nature and the Social Order. New York: Charles Scribner's Sons.

Curran, T., & Hill, A. P. (2019). Perfectionism Is Increasing Over Time : A Meta-Analysis of Birth Cohort Differences From 1989 to 2016, Psychological Bulletin, 145. 410-429.

Dollard, J. (1935). Criteria for the Life History. The Journal of Abnormal and Social Psychology, 30(3), 249-262.

Dweck, C. S. (2006). Mindset: The New Psychology of Success. Random House.

Ellis, A., & Harper, R. A. (1975). A New Guide to Rational Living. North Hollywood, CA: Wilshire Books.

Epictetus. (1865). The works of Epictetus; Consisting of his discourses in four books, The enchiridion, and fragments. (E. Carter & T. W. Higginson, Trans.). Little, Brown and Co.

Erikson, E. H. (1958). Young Man Luther: A Study in Psychoanalysis and History. New York: W.W. Norton & Co.

Erikson, E. H. (1963). Childhood and Society (2nd ed.) Harmondsworth: Penguin Books.

Festinger, L. (1954). A theory of social comparison processes. Human Relations, 7, 117–140.

Gladwell, M. (2008). Outliers: The Story of Success. New York: Little, Brown and Company.

Jung, C. G. (1963). Memories, Dreams, Reflections. New York, Pantheon Books.

Kant, I. (1785). Groundwork of the Metaphysics of Morals. New Haven and London: Yale University Press.

Kü bler-Ross, E. (1969). On Death and Dying. New York: The Macmillan Company.

Maslow, A. H. (1943). A Theory of Human Motivation, Psychological Review, 50 (4), 430-437.

Merleau-Ponty, M. (1962). Phenomenology of Perception. London: Routledge & Kegan Paul.

Milgram, S. (1963). Behavioral study of obedience. The Journal of Abnormal and Social Psychology, 67(4), 371.

Sandel, M. J. (2020). The Tyranny of Merit: What's Become of the Common Good?. UK: Penguin Books.

Sartre, J. P. (1943). Being and Nothingness. Washington, DC: Washington Square Press.

Streep, P. & Bernstein, A. (2013). Mastering the Art of Quitting: Why It Matters in Life, Love, and Work. Da Capo Lifelong Books.

Rogers, C. R. (1961). On Becoming a Person. Boston: Houghton Mifflin.

書　　　　名	你知道你是誰嗎？探索真正自我之旅	
	Discovering Your True Self: A Journey of Self-Exploration	
作　　　　者	莫凱軒	
出　　　　版	超媒體出版有限公司	
地　　　　址	荃灣柴灣角街 34-36 號萬達來工業中心 21 樓 2 室	
出版計劃查詢	(852)3596 4296	
電　　　　郵	info@easy-publish.org	
網　　　　址	http://www.easy-publish.org	
香 港 總 經 銷	聯合新零售 (香港) 有限公司	
出 版 日 期	2024 年 6 月	
圖 書 分 類	流行讀物	
國 際 書 號	978-988-8890-05-7	
定　　　　價	HK$128	

Printed and Published in Hong Kong
版權所有‧侵害必究

如發現本書有釘裝錯漏問題，請攜同書刊親臨本公司服務部更換。